Die schriftliche Bewerbung

Manfred Lucas   Putti von Rahden

Die schriftliche Bewerbung

Perfekt formuliert und optimal gestaltet

Inhaltsverzeichnis

Vorwort 6

Formen der schriftlichen Bewerbung und ihre Anlässe 15

Die Kurzbewerbung auf ein Stellenangebot 16
Die komplette Bewerbung auf ein Stellenangebot 16
Die »Blindbewerbung«
(auch »Kalt-Kontakt« oder Initiativbewerbung) 18
Die Bewerbung auf Chiffre 21
Die Bewerbung im Rahmen des Internets 25
Die Beziehungsbewerbung 36
Die Bewerbung auf eine interne Stellenausschreibung
oder vakante Position innerhalb des Unternehmens 37
Die Bewerbung über eine Personal-Agentur oder einen
»Headhunter« 37

Das Bewerbungsanschreiben und der Lebenslauf 41

Welche schriftlichen Unterlagen werden von Ihnen
verlangt? 42
Das Bewerbungsanschreiben:
Das »A und O« der Bewerbung 44
Beispiel-Anschreiben 59
Der situativ verfasste Lebenslauf 79
Beispiel-Lebensläufe 90

Inhalt 5

Sonstige Unterlagen 109

Die »Dritte Seite« 110
Zeugnisse 117
Das Lichtbild 122
Referenzen 128
Arbeitsproben 132
Die Handschriftprobe 134
Die Liste der Veröffentlichungen 140
Berichte aus Presse und Fachliteratur 142

Optimierung und Reaktion 145

Die innere und äußere Verpackung 146
Weitere Beurteilungskriterien für Ihre Bewerbung 151
Überzeugungskriterien für Ihre Bewerbung 154
Das Resultat Ihrer schriftlichen Bewerbung 156
Ihr Nachfolge-Schreiben 164

Anweisungen, Checklisten und Formulare ... 177

Vorabinformationen und Kontaktadressen 178
Schlusswort 187
Register 189
Impressum 190
Coupon 191

Vorwort

Warum und für wen wir dieses Buch geschrieben haben

Gute Jobs sind wie eh und je heiß begehrt, und die Personalabteilungen in den Unternehmen werden mit einer Flut von erbetenen und unerbetenen Bewerbungen überschwemmt. Ein interessantes Stellenangebot führt heute oftmals zu Hunderten von Bewerbungen! Nur die allerwenigsten Bewerber (der Begriff schließt natürlich immer auch Frauen ein) bekommen jedoch überhaupt eine Einladung zu einem Informations- oder Vorstellungsgespräch.

In der heutigen Arbeitswelt dürfen Sie sich daher bei einer schriftlichen Bewerbung keinerlei Fehler oder Ausrutscher erlauben, denn: »Man bekommt keine zweite Chance, einen ersten Eindruck zu hinterlassen!«

Das ist unser ehrlicher Wunsch!

> Wir wollen und werden Ihnen zeigen, wie Sie sich mit einer guten schriftlichen Bewerbung so »verkaufen«, dass Ihr Anschreiben Neugier darauf erweckt, Ihren Lebenslauf und die »Dritte Seite« mit Interesse zu lesen, damit Sie zu einem Vorstellungsgespräch eingeladen werden. Wir wollen, dass Sie Ihr Ziel, eine neue Anstellung, auch erreichen.

Nicht zuletzt scheitern viele Bewerber schon an unprofessionellen und unvollständigen Unterlagen. Die Absicht unserer Ratschläge erklärt sich daher ganz einfach:

Dieses Buch richtet sich mit einer Vielzahl von praxisorientierten Ratschlägen an Menschen, die

- sowohl sachlich-fachlich kompetent als auch

- engagiert und motiviert sind, sehr gute Arbeit zu leisten,

die jedoch Unterstützung dabei benötigen, die richtigen Stellenangebote auszuwählen, eine überzeugende und erfolgreiche Bewerbung zu verfassen und sich selbstsicher mit hohem Selbstwertgefühl darzustellen.

Dabei spielt es keine Rolle, ob Sie

- einen Ausbildungs- oder Praktikumsplatz anstreben,
- nach Schul-, Ausbildungs- oder Studienabschluss Ihren ersten Job antreten wollen,
- schon seit langen Jahren in einem Unternehmen oder im öffentlichen Dienst gearbeitet haben und nun noch einmal eine neue Herausforderung suchen,
- nach einer selbständigen Tätigkeit die Sicherheit einer Festanstellung suchen,
- als erwerbs- bzw. arbeitslose Person endlich wieder in »Lohn und Brot« stehen wollen,
- nach einer Familienpause oder vergleichbaren Auszeiten wieder eine Anstellung suchen,
- oder in einer Art »Cross over« von einer Branche in eine andere wechseln wollen:

Wir als Berater für Menschen in den unterschiedlichsten Situationen des Berufslebens möchten nichts anderes, als Ihnen mit Ratschlägen beizustehen, mit denen wir schon vielen anderen in gleicher Situation helfen konnten. Aufgrund unserer langjährigen Erfahrung wissen wir,

Verwenden Sie unsere Erfahrungen! Sie helfen Ihnen!

- dass viele Menschen – vor einem leeren weißen Blatt Papier oder einem Bildschirm sitzend – große Schwierigkeiten haben, eine gute schriftliche Bewerbung zu erstellen,

- dass trotz Job-Börsen und Internet-Bewerbungen die gute alte »Schriftliche« weiterhin dominiert,
- dass viel zu wenig Wert auf die frei zu gestaltenden Seiten einer schriftlichen Bewerbung gelegt wird, sodass das Bewerbungsanschreiben häufig als letztes geradeso nebenher erstellt wird, obwohl es sehr behutsam und sorgfältig auf den jeweiligen Adressaten zugeschnitten werden muss,
- und dass wir Ihnen helfen können, den Bewerbungsvorgang zielsicherer, überlegter und effizienter anzugehen.

Das Anschreiben muss ein echter »Eye-Catcher« sein.

Ganz besonderen Wert legen wir daher bei unseren Ausführungen auf ein taktisch-strategisch sehr gut formuliertes und daher gewinnbringendes Bewerbungsanschreiben, das eigentlich nichts anderes ist – das sollte Ihnen ganz klar sein – als ein »Verkaufsprospekt« in eigener Sache und also der wesentlichste Bestandteil Ihrer gesamten Bewerbung. Zudem ist dies Ihre Visitenkarte, die zugleich als die erste Arbeit betrachtet werden sollte, die Sie einem zukünftigen Chef abliefern!

> Zeigen Sie mit einer guten schriftlichen Bewerbung Ihr **Leistungsprofil** (Fähigkeiten Fertigkeiten, Kenntnisse, Erfahrungen), mit dem Sie das **Anforderungsprofil** (Erwartungen, Bedingungen, Anforderungen, Voraussetzungen) der zu besetzenden Stelle möglichst genau abdecken.

Wenn Sie diesen einfachen Grundsatz jeglicher Bewerbungsaktivität beherzigen, dann ist Ihnen ein Vorstellungsgespräch so gut wie sicher!

Die Arbeitssituation nach dem »Job-Shock« der frühen 90er Jahre

Jeder Erwerbstätige, der sich im Strukturwandel von Produktion, Dienstleistung und Verwaltung behaupten will, muss in jedem Fall mit Blick auf die Zukunft die folgenden Entwicklungen zur Kenntnis nehmen:

Eine lebenslange Jobgarantie bzw. Arbeitsplatzsicherheit gibt es nicht mehr! Sie haben heute die Chance, im Verlauf Ihres Berufslebens viele unterschiedliche Berufe auszuüben, wenn Sie flexibel sind.

Der Arbeitsmarkt ist in Bewegung: Alte Berufsbilder verschwinden, neue kommen hinzu! Sicher kennen Sie noch den Beruf der Werbefachfrau und des Sachbearbeiters im Rechnungswesen, aber kennen Sie auch die Info-Brokerin, den Tele-Tutor oder den Event-Elektroniker?

Man muss auf neue Chancen setzen und sich vorausgreifend anpassen! Statt zu klagen: »Wo ist mein Arbeitsplatz geblieben?«, sollten Sie nach Unternehmen Ausschau halten, die sich schon gut positioniert haben, die wachstumsrelevante Informationstechnologien nutzen und Produkte und Dienstleistungen zu wettbewerbsfähigen Preisen anbieten. Fassen Sie auch Firmen und Chancen ins Auge, welche die Wachstumsdimensionen in kleinen Städten zu nutzen wissen.

Arbeitsmarkt und Arbeitskultur haben sich in den letzten fünf Jahren radikal verändert.

Unbefristete Arbeitsverträge sind in der heutigen Zeit seltener geworden. Immer häufiger werden Anstellungsverträge auf ein Jahr abgeschlossen oder auf die Laufzeit eines bestimmten Projektvorhabens abgestellt.

Zielvereinbarung und Zielerreichung sind elementar die Grundrechenarten gegenwärtiger Führungstechniken! Die Entlohnung wird zum Teil vom Erreichen der vereinbarten Ziele abhängig gemacht.

Wir erleben gegenwärtig in Deutschland einen regelrechten Vernetzungsboom. Immer mehr kleine und mittelständische Unternehmen nutzen das Internet als Präsentations- oder Kommunikationsmittel und sehen in ihm die Vertriebsplattform der Zukunft. Multimedia-Technologien kommen mittlerweile in allen Wirtschaftszweigen zum Einsatz.

Jobpotenziale werden insbesondere im Teilbereich »TIME« gesehen, der Anbieter in **T**elekommunikation, **I**nformation, **M**edien und **E**lektronik vereint. Die weltweit bekannte Unternehmensberatung Arthur D. Little und das Kölner Institut der Deutschen Wirtschaft erwarten hier einen Zuwachs von über 150.000 Beschäftigten. Für den gesamten Wirtschaftszweig einschließlich Peripherie prognostiziert die Europäische Union für Deutschland ein Plus von 1,5 Millionen Beschäftigten bis zum Jahr 2010.

> »Kunde, Service, Dienstleistung« ist das Schlagwort dieser Zeit!

Mit ausgelöst durch Minoru Tominagas kritisches und diskussionswürdiges Buch »Die kundenfeindliche Gesellschaft« erleben wir einen Trend zur Kundenorientierung in allen Bereichen von Wirtschaft, Dienstleistung und Verwaltung; man kann beinahe von einem Trend zur 24-Stunden-Gesellschaft sprechen.

Dieser Trend beinhaltet, dass Leben und Arbeit rund um die Uhr ohne nennenswerte Unterbrechungen und Ruhepausen verlaufen. Hingewiesen sei auf Bank 24, geöffnete Tankstellen und Geschäfte (nicht nur in Flughäfen und Bahnhöfen), Autoreparaturen über Nacht (in Berlin), Nachttransporte auf der Straße und in der Luft. Während diese Rund-um-die-Uhr-Arbeit bisher nur in der kontinuierlichen Industrieproduktion und aufgrund von Notwendigkeiten (Krankenhaus, Polizei, Verkehr) üblich war, wird diese Form der ununterbrochenen Aktivität immer mehr zur Regel. Denken Sie beispielsweise auch an so genannte Call-Center, die 24 Stunden am Tag einsatzbereit und verfügbar sind.

Dieser Trend stellt hohe Anforderungen an die zeitliche Flexibilität der Beschäftigten. Die Probleme, die früher vielleicht nur dem Hotel- oder Krankenhauspersonal bekannt waren, können in Zukunft beinahe jeden betreffen. Doch wir wollen nicht klagen, denn es ergeben sich für diejenigen, die »mitspielen« wollen, auch ungeheure Chancen. Denn wer diese Trends zu nutzen weiß, steigert den Kundennutzen und verschafft sich Wettbewerbsvorteile!

Wir zitieren Prof. Dr. H. Simon, Strategy & Marketing Consultants, Bonn, zu diesem Thema: »Ärzte, Steuerberater oder Rechtsanwälte, die demnächst ihre Praxis nachts öffnen, gewinnen neue Kunden. Kreative, Softwareentwickler oder Laboranbieter, die ihre Leistung über Nacht oder am Wochenende erbringen, sparen dem Kunden Wartezeit.

Der Trend zur 24-Stunden-Gesellschaft hält an!

Wer Telekommunikation oder Internet geschickt zum Überspringen der traditionellen Zeitschranken einsetzt, erzielt massive Kosteneinsparungen.

Bequemer wird das Leben in einer solchen 24-Stunden-Gesellschaft nicht, aber spannender und lebendiger wird es allemal.«

Auch hier gilt: Die Schnellen haben den Vorteil, die Langsamen bleiben auf der Strecke!

> Auf diesem sich wandelnden Arbeitsmarkt werden alle diejenigen Chancen haben, die bereit sind, sich den Bedingungen anzupassen. Gehören Sie dazu?

Aber es gibt auch einen Widerspruch, der zum Nachdenken veranlassen sollte. Wir wollen Ihnen diesen nicht vorenthalten. Vielerorts festigen sich Zustände und Trends wie die Folgenden:

- globale Märkte mit rasend schnellen Produktwechseln,
- chaotische Strukturen allerorten,

- neue Kunden- und Service-Orientierung,
- Unternehmen im Unternehmen,
- Business-Reengineering, flache Strukturen und Hierarchien,
- es gibt nur noch die »Schnellen« oder die »Toten«,
- vollkommen neue Berufsbilder entwickeln sich,
- Kostensenkung, »Einstampfen« von Sozialleistungen, Qualitätsstreben etc.

Gleichzeitig aber werden Bewerber von den Personalabteilungen zumeist noch nach Kriterien beurteilt, die in den 60er Jahren gültig waren, die aber zur Bewältigung heutiger Aufgaben nur unzureichend adäquat sind!

Welche Berechtigung hat heutzutage ein Auswahlkriterium wie: »Wir stellen niemanden ein, dessen Lebenslauf vom Kindergarten bis zur Gegenwart auch nur den Hauch einer Lücke aufweist«? (Diese Maxime lässt sich leicht an der häufig gestellten Frage: »Bitte erklären Sie einmal die Lücken in Ihrem Lebenslauf« erkennen.)

Weitere übliche Auswahlkriterien, die keinerlei Gewähr geben für eine erfolgreiche Bewältigung der heutigen beruflichen Aufgaben sind:

Vergessen Sie Ihre alten Schulnoten; wichtig ist, was Sie heute beherrschen!

Notendurchschnitt am besten nur »Sehr gut«, egal, ob Grundschule, Gymnasium oder Universität; die richtige Schule, die richtige Universität; keinen Tag krank, keinen Tag gefehlt; Karriere im Kaminaufstieg; gut gekämmt, mit dem richtigen Anzug, gut vorbereitet auf alle Fragen im Vorstellungsgespräch; das gesamte Vokabular des Managements von »Shareholder value« bis »Empowerment« beherrschend, keinerlei Schwierigkeiten bisher im Leben.

Und mit diesen aufgestylten Kandidaten will man chaotische und komplexe Strukturen in der heutigen Arbeitswelt bewältigen?

> Nein, man braucht heute Menschen, ob alt oder jung, deren Leben Brüche hat, die Risiken auf sich genommen haben, die auch mal gescheitert sind, die noch neugierig und wirklich kreativ sind!

Wir wollen Ihnen mit unserem Hinweis auf diesen Widerspruch raten, sich in jedem Falle zu bewerben, egal, wie Ihr Lebens- und Arbeitsweg bis jetzt verlaufen ist. Bekanntlich begeben sich die wenigsten Bewerber auf die Suche nach einem neuen Job, weil diese Prozedur so viel Spaß macht, sondern weil es auch die oben beschriebenen Verhältnisse von Ihnen verlangen. Nicht alle bringen alle Qualifikationen mit, die gefragt sind. Deswegen müssen Sie das, was Sie anzubieten haben, gut »verkaufen«.

Wenn Ihnen der Begriff »gut verkaufen« zu operational und kalt erscheint, dann sprechen Sie doch »Ich muß mich gut darstellen«!

»Tue Gutes und rede (schreibe) darüber heißt die Devise!«

Wie ein guter Schauspieler, eine gute Schauspielerin müssen Sie sich dem Unternehmen, bei dem Sie sich um eine Anstellung bewerben, mit Ihrer gesamten Bewerbungstechnik so darstellen, daß am ==Ende der Wunsch, Sie kennenlernen zu wollen, unumgänglich wird.==

Versetzen Sie sich einmal in die Lage des Lesers Ihrer Unterlagen und Ihres beigelegten Fotos! Würden Sie überzeugt sein, von Ihren Darstellungskünsten? Wenn »Nein«, warum dann »Nein«?

Genau an diesem Punkt müssen Sie beginnen, Ihre Selbstdarstellung zu verbessern! Seien Sie selbstbewusst, aber nicht arrogant, stellen Sie Ihr Licht (Ihr Können) nicht durch Selbstverkleinerung unter den Scheffel, vermeiden Sie jedoch jegliches Imponiergehabe.

Formen der schriftlichen Bewerbung und ihre Anlässe

Die Kurzbewerbung auf ein Stellenangebot 16

Die komplette Bewerbung auf ein Stellenangebot 16

Die »Blindbewerbung«
(auch »Kalt-Kontakt« oder Initiativbewerbung) 18

Die Bewerbung auf Chiffre 21

Die Bewerbung im Rahmen des Internets 25

Die Beziehungsbewerbung 36

Die Bewerbung auf eine interne Stellenausschreibung oder vakante Position innerhalb
des Unternehmens 37

Die Bewerbung über eine Personal-Agentur
oder einen »Headhunter« 37

Die Kurzbewerbung auf ein Stellenangebot

Eine knackige Kurzbewerbung ist erfolgreich!

Immer mehr ist es heute üblich geworden, nach einem informativen Vorab-Telefonat mit dem Stellenanbieter oder aufgrund eines Vermerks im Stellenangebot zunächst eine Kurzbewerbung zu verschicken.

Die Kurzbewerbung enthält das Bewerbungsanschreiben, einen Lebenslauf und die so genannte »Dritte Seite«. Lichtbild und Zeugniskopien sind noch nicht gefragt.

Dass in diesem Falle das Bewerbungsanschreiben brillant und rundum überzeugend sein muss, sollte selbstverständlich sein. Denn in dieser Art Bewerbung ist es das wichtigste Papier.

Diese Bewerbungsunterlagen werden zweimal quer gefaltet, in einen querformatigen Briefumschlag gesteckt und abgeschickt.

Die komplette Bewerbung auf ein Stellenangebot

Nicht die Bewerbung über das Internet, das eigene Stellengesuch oder die Stellensuche im World Wide Web auf den Homepages der Unternehmen dominieren bei uns in Deutschland das Bewerbungsgeschehen, sondern es ist immer noch das »gute alte« Stellenangebot in der Tages-, Wochen- und Fachpresse sowie die Vermittlung über das Arbeitsamt.

Bei der Besetzung vakanter Stellen beschreiten Unternehmen in West- und Ostdeutschland zwar unterschiedliche, jedoch immer noch die gewohnten Wege. So führen in den alten Bundesländern Stelleninserate zum Erfolg. In den neuen Ländern werden Stellen häufiger mit Hilfe der Arbeitsämter besetzt.

Diese Erkenntnis geht aus einer gemeinsamen Untersuchung des Nürnberger Instituts für Arbeitsmarkt- und Berufsforschung (IAB) und des Münchner Ifo-Instituts über die Entwicklung des gesamtwirtschaftlichen Stellenangebots im vierten Quartal 1997 hervor.

Wie die Autoren Emil Magvas, Eugen Spitznagel und Kurt Vogler-Ludwig im Einzelnen berichten, haben die Betriebe im Westen durchschnittlich 1,7 und im Osten 1,3 Suchwege beschritten. Die höchste Erfolgsquote hatten in den **alten Bundesländern** Stelleninserate (78 Prozent), gefolgt von Mitarbeiterhinweisen (66 Prozent) und der Auswahl aus Initiativbewerbungen und Bewerberlisten (58 Prozent).

Dagegen führten nur 38 Prozent der an Arbeitsämter vergebenen Besetzungsaufträge und 21 Prozent der internen Stellenausschreibungen zum Erfolg.

Insgesamt wurde von den westdeutschen Betrieben in 45 Prozent der Fälle ein Stelleninserat geschaltet, 40 Prozent der Suchaufträge wurden an die Arbeitsämter vergeben.

Üblich ist immer noch das Stellenangebot!

Als weitere Suchmethoden wurden Mitarbeiterhinweise, die Auswahl aus Initiativbewerbungen oder Bewerberlisten sowie die interne Stellenausschreibung (32, 26 bzw. 19 Prozent der Fälle) verwendet. Die Einschaltung privater Arbeitsvermittler und der Aushang am Werkstor waren mit jeweils zwei Prozent weitgehend bedeutungslos.

In **Ostdeutschland** führten vor allem die Einschaltung der Arbeitsämter (70 Prozent), aber auch die Auswahl aus Bewerberlisten sowie Hinweise von Mitarbeitern (68 bzw. 66 Prozent) zum Erfolg. Stelleninserate rangieren mit einer Erfolgsquote von 58 Prozent nur auf Rang vier. Über interne Ausschreibungen wurden 33 Prozent der Stellen besetzt.

Insgesamt waren 44 Prozent der freien Stellen an die Arbeitsämter zur Besetzung vergeben worden, in 29 Prozent der Fälle wurden Mitarbeiter um Hinweise gebeten, und nur für jede vierte zu besetzende Position (24 Prozent) wurde eine Stellenannonce geschaltet. Die Auswahl aus Initiativbewerbungen oder die Rekrutierung über interne Stellenausschreibungen wurde in 19 bzw. 9 Prozent der Fälle begangen.

Auch in den neuen Ländern fielen die Einschaltung privater Vermittler (zwei Prozent) und der Aushang am Werkstor (ein Prozent) kaum ins Gewicht.

Nicht jede offene Stelle wird auch ausgeschrieben.

Wie die Bertelsmann-Stiftung und der Bund Katholischer Unternehmer (BKU) überdies in einem Pilotprojekt herausgefunden haben, gibt es in Deutschland ein zusätzliches Potenzial an offenen Stellen, die weder ausgeschrieben noch dem zuständigen Arbeitsamt gemeldet werden.

> Daraus erkennen Sie, lieber Leser, liebe Leserin, dass es sich auch weiterhin lohnt, die Presse nach Stellenangeboten zu durchforsten; aber auch die Blind- oder Initiativbewerbung sollten Sie in Ihre Überlegungen unbedingt einbeziehen, wie die Ergebnisse des oben erwähnten Pilotprojektes bestätigen.

Die »Blindbewerbung« (auch »Kalt-Kontakt« oder Initiativbewerbung)

Unaufgefordert, aber zielgerichtet eine schriftliche Bewerbung zu verschicken ist der direkteste Weg einer Bewerbung und kann eine Vielzahl von Vorteilen mit sich bringen.

Das Wichtigste ist dabei, dass Sie den zuständigen Adressaten namentlich ermittelt haben und somit direkt anschreiben können. Briefe mit der Eröffnungsanrede »An die Personalabteilung für Angestellte«, »Sehr geehrte Damen und Herren« oder »An den Leiter der Personalabteilung« haben sehr geringe Er-

Die Blindbewerbung

folgschancen, weil sie meist erst durch verschiedene Hände gehen und selten die Person erreichen, die für eine Stellenvergabe verantwortlich ist.

Angenommen, in Ihrer unmittelbaren Nachbarschaft wird ein neues Unternehmen aufgebaut, oder eine erfolgreiche Firma residiert dort, für die Sie sich interessieren. Sie sind Fachfrau für Bürokommunikation und möchten sich dort bewerben. Dann sollten Sie in jedem Fall vorher den Namen eines möglichen Adressaten herausfinden und ihn direkt mit Ihrer Bewerbung kontaktieren.

> Eine namentlich adressierte Bewerbung zeigt, dass Sie sich konkret bemühen und zielgerichtet vorgehen.

Sie sollten wesentlich mehr Blindbewerbungen an gut recherchierte Adressaten senden.

Mittels einer Initiativbewerbung können Sie zudem hervorragend zeigen, was Sie über das Unternehmen wissen – achten Sie aber unbedingt darauf, es nicht allzusehr zu übertreiben, denn das wirkt negativ. Schreiben Sie nicht: »Sie sind weltweit das führende, umsatzstärkste und modernste Unternehmen, das man kennt«, sondern dezenter und gezielter, etwa folgendermaßen: »Wie aus Wirtschaftspresse und anderen Medien immer wieder zu hören, planen Sie, Ihre Aktivitäten für den Absatz des Produktes XYZ weiter auszubauen; ich stelle mir vor, dass ich Ihnen dabei aufgrund meiner Erfahrung im Bereich ... von Nutzen sein kann.«

Wenn Sie auf diese Art zeigen können, dass Sie »Ihre Hausaufgaben« gemacht haben, haben Sie häufig schon »einen Fuß in der Tür«. Denn im Vorstellungsgespräch werden Sie häufig gefragt: »Was wissen Sie denn über unser Unternehmen?«, und hier zeigen Sie es sogar ungefragt! Außerdem sind Ihre Kenntnisse wiederum für das Unternehmen ein Zeichen dafür, welches Image es »draußen« besitzt.

Mit einer Initiativbewerbung agieren Sie, statt zu reagieren. Wie wir es weiter oben schon erwähnt haben, eröffnen Sie sich damit auch eine Chance, einen Job zu erhalten, der gar nicht erst auf dem Stellenmarkt angezeigt wird – weder auf dem internen noch auf dem externen. Oder Sie überzeugen mit Ihrem Anschreiben die Firma, dass diese einen Mitarbeiter genau mit Ihren Kenntnissen und Erfahrungen dringend benötigt, und man richtet die Stelle speziell für Sie ein – auch solche Fälle gibt es.

Initiativbewerbungen sollten Kurzbewerbungen sein.

Der größte Nachteil einer Initiativbewerbung liegt natürlich in dem Umstand, dass sie unerbeten, manchmal gar unerwünscht kommt! Wenn ein Unternehmen keine offenen Stellen zur Verfügung und Ihre Bewerbung nicht erbeten hat, dann wird man sie wahrscheinlich mit entsprechend geringerem Interesse lesen. Das Risiko können Sie allerdings schmälern, indem Sie eine prägnante Kurzbewerbung absenden, die Sie interessant macht und in ihrem Inhalt überzeugend ist, sodass niemand sie übergehen kann.

Diese Art von Bewerbung setzt voraus, dass Sie sich gründlich über das Unternehmen informiert haben, und zwar:

- in der Fachpresse und den Wirtschaftsseiten der regionalen und überregionalen Tages- und Wochenpresse,
- anhand von Geschäftsberichten,
- durch Branchendienste,
- durch Internet-Recherche,
- durch Fragen bei Freunden und Bekannten,
- durch Einblick in die Eintragungen im Handelsregister,
- durch Nachfragen bei der Industrie- und Handelskammer,
- durch Anruf und Bitte um Informationsmaterial beim Unternehmen selbst,
- durch den Besuch von Fachmessen, auf denen dieses Unternehmen vertreten ist.

Und die Initiativbewerbung setzt natürlich des weiteren voraus, dass Sie jedes Unternehmen mit einem individuell darauf abgestimmten Bewerbungsanschreiben kontaktieren.

Die Bewerbung auf Chiffre

Veröffentlicht ein Unternehmen oder eine Institution ein Stellenangebot unter Chiffre (Ziffer, Zahl, Kennziffer), dann wird es dafür berechtigte Gründe geben.

> Machen Sie bitte nicht den Fehler, ein Stellenangebot unter Chiffre platterdings abzulehnen!

Gründe für eine Firma, ein Stellenangebot unter Chiffre zu schalten, können sein:

- Das Unternehmen sucht Mitarbeiter, die sich in Unkenntnis des Namens des Hauses erst einmal bewerben sollen, bevor der Ruf des Hauses sie zur Annahme oder Ablehnung des angebotenen Jobs verleitet. Man möchte einfach einmal feststellen, welches Potenzial an Arbeitskräften auf dem Markt ist.

- Ein Unternehmen will sich, ohne dass die Konkurrenz hellhörig wird, aus Expansionsgründen personell verstärken.

- Man will Ersatz für noch angestellte Mitarbeiter suchen, ohne dass diese zunächst davon erfahren.

- Es soll eine neue Abteilung für noch nicht auf dem Markt befindliche Produkte oder Dienstleistungen aufgebaut werden, ohne dass dies publik wird.

- Das Unternehmen hat einen derart miserablen Ruf in der Branche und bei den Kunden, dass sich bei einem offenen Stellenangebot bestimmt niemand dort bewerben würde.

Hinter Chiffre-Anzeigen verstecken sich manchmal wahre Goldminen.

Wenngleich die Wahrscheinlichkeit gering ist, ist es nicht ausgeschlossen, dass sich jemand, der sich unter Chiffre auf eine äußerst interessante Stellenanzeige für einen Job bewirbt, der seinem derzeitigen gleicht, möglicherweise auf den eigenen Job bewerben – ihm wird in diesem Fall wahrscheinlich nicht bewusst sein, dass er »schon mit brennender Lunte auf der Abschussrampe liegt« und das Unternehmen Ersatz für ihn sucht. Auch aus diesem Grunde haben viele Bewerber oder Stellenwechsler eine berechtigte Scheu, sich auf Stellenangebote unter Chiffre zu bewerben.

So bekommen Sie Ihre Unterlagen garantiert zurück.

Dieser etwas brisante Sachverhalt ist auch den inserierenden Unternehmen bekannt, weswegen viele Chiffreanzeigen mit dem Zusatz »Sperrvermerke (oder Weiterleitungsklauseln) werden berücksichtigt« versehen sind. Falls im Inserat ein solcher Zusatz fehlt, können Sie Ihre eigene Bewerbung auf Chiffre mit der Bemerkung versehen: »Bitte berücksichtigen Sie meinen Sperrvermerk für die Firmen X, Y und Z«, um sich nicht, wenn Sie in ungekündigter Stellung sind, im eigenen Hause zu bewerben.

Die Zeitung, in der dieses Stellenangebot veröffentlicht war, muss Ihren Sperrvermerk berücksichtigen. Kommt also nach einiger Zeit Ihre Bewerbung ungeöffnet zurück, wurde der Sperrvermerk berücksichtigt.

> Denken Sie aber bitte daran, dass nur dann, wenn der Inserent die Zeitung ausdrücklich dazu ermächtigt hat, die entsprechend gekennzeichneten Zuschriften zurückgehalten und dem Bewerber zurückgeschickt werden dürfen. Und das wiederum auch nur, wenn der Bewerber auf seiner Bewerbung genau vermerkt hat, wer seine Unterlagen nicht erhalten soll oder darf. Die Zeitungen werden sich sicher nach den Vorgaben richten.

Chiffreanzeigen ohne Sperrvermerk 23

Die nachfolgenden Schemata sollen den Ablauf verdeutlichen. Ein Stellenangebot erscheint unter Chiffre, jedoch **ohne den Zusatz,** dass Sperrvermerke berücksichtigt werden:

> Das Unternehmen sucht Personal ...

> ... und gibt ein Stellenangebot unter Chiffre ohne den Hinweis auf die Berücksichtigung von Sperrvermerken an die Presse (es will also anonym bleiben).

> Das Stellenangebot wird in der Presse veröffentlicht.

> Ein Bewerber liest es und reagiert: Er ...

> ... bewirbt sich **mit Sperrvermerk** für einige Unternehmen ...

> ... bewirbt sich **ohne Sperrvermerk**

> ... bekommt seine Unterlagen sofort zurück – die Anonymität des inserierenden Unternehmens wie auch die des Bewerbers bleibt gewahrt.

> ... bewirbt sich entweder auch bei der eigenen Firma ...

> ... oder bewirbt sich bei einer fremden Firma ...

> ... und bekommt entweder eine Absage, ohne den Firmennamen zu erfahren ...

> ... oder bekommt einen Zwischenbescheid oder auch gleich eine Einladung zu einem Vorstellungsgespräch bei einer Firma, deren Namen jetzt bekannt ist.

Ein Stellenangebot erscheint unter Chiffre, jedoch **mit dem Zusatz,** dass Sperrvermerke berücksichtigt werden:

- Das Unternehmen sucht Personal ...
- ... und gibt ein Stellenangebot unter Chiffre ohne den Hinweis auf die Berücksichtigung von Sperrvermerken an die Presse.
- Das Stellenangebot wird in der Presse veröffentlicht.
- Ein Bewerber liest es und reagiert: Er ...
- ... bewirbt sich **mit Sperrvermerk** für einige Unternehmen ...
- Die Annoncen-Abteilung der Zeitung überprüft:

Ist die gesperrte Firma der Inserent ...	Ist die gesperrte Firma nicht der Inserent ...
... dann bekommt der Bewerber die Unterlagen zurück.	... dann wird die Bewerbung weitergeleitet, und ...
	... entweder kommt eine anonyme Absage ...
	... oder eine Absage mit offener Absenderangabe ...
	... oder ein Zwischenbescheid, manchmal jedoch auch eine sofortige Einladung zu einem Vorstellungsgespräch.

Die Bewerbung im Rahmen des Internets

Sich direkt auf dem so genannten virtuellen Arbeitsmarkt **über die Homepages der Unternehmen** gezielt und umfassend zu bewerben ist trotz aller Euphorie für dieses Medium immer noch kaum möglich.

> Viele Unternehmen sind zwar mit teilweise sogar hervorragend designten Homepages im Internet vertreten, doch kaum eine dieser Firmen bietet eine Bewerbungsmöglichkeit direkt via E-Mail an.

Besuchen Sie die Homepages der Firmen, hier gibt es wichtige Informationen.

Das geht aus einer Untersuchung der Axis Personal- und Organisationsberatung in Düsseldorf hervor, die die fünfhundert größten Unternehmen in Deutschland sowie 192 Informationstechnologie-Betriebe untersucht hat.

Zwar gebe es häufig die Möglichkeit, eine elektronische Antwort beispielsweise an den Systemadministrator oder die Abteilung Öffentlichkeitsarbeit zu senden, heißt es. Doch seien solche allgemeinen Adressen für eine vertrauliche Angelegenheit wie eine komplette und persönliche Bewerbung kaum geeignet. Konkrete Bewerbungsmöglichkeiten via E-Mail bieten nur drei Prozent der untersuchten Unternehmen an.

Anders ist es diesbezüglich mit unternehmensunabhängigen **Job-Suchmaschinen und Jobbörsen** bestellt. Diese finden Sie mittlerweile an jeder »elektronischen Ecke« des Internet. Wenn Sie sich allerdings die Web-Sites mit diesen Stellenmärkten ansehen, offenbaren sich riesige Qualitäts- und Preisunterschiede! Nicht alles, was teuer ist, ist auch gut. Und gute Angebote müssen nicht unbedingt auch teuer sein. Jede Seite ist nach eigenen Spielregeln aufgebaut, obwohl sich mittlerweile doch einige Standards entwickelt haben.

> Jobangebote lassen sich fast durchgängig kostenlos einsehen. Nur wenn Sie selber eine Suchanzeige aufgeben wollen, werden Sie auch zur Kasse gebeten. Da sollten Sie aufpassen und Preise vergleichen.

So bewerben Sie sich richtig!

Und so bewerben Sie sich richtig bei der digitalen Jobsuche: Bei den Online-Bewerbungen gelten im Prinzip die gleichen Regeln wie bei der guten alten Papier- und Postbewerbung: keinerlei Schreibfehler, ein individuelles Anschreiben mit einem durchdachten Text, der die eigenen Kernkompetenzen und deren Nutzen für ein Unternehmen klar herausstellt, ein lesenswerter Lebenslauf, eine gute »Dritte Seite« etc.

Verrenken Sie sich nicht vor Kreativität beim Layout, bleiben Sie lieber bei Altbewährtem! Schreiben Sie Bewerbungsanschreiben und Lebenslauf direkt in die Mail, oder hängen Sie Ihre Unterlagen als gängiges Textformat an ein kurzes Anschreiben. Niemand wartet gern minutenlang auf das Herunterladen aufwendiger Graphiken - möglicherweise hat die Personalabteilung auch noch einen hoffnungslos veralteten Computer, der dazu nicht in der Lage ist!

Beruflich besonders qualifizierte Arbeitnehmer sollten sich unbedingt mit Online-Anzeigen selbst bewerben; und zwar sollten diese Stellengesuche so plaziert sein, dass Personalchefs förmlich darüber stolpern. Achten Sie dabei weniger auf die Preise der Jobbörsen, sondern auf die Häufigkeit, mit der diese Seiten gelesen werden, sowie auf die Art der Besucher.

Für Ihr Gesuch ist grundsätzlich eine branchenspezifische Börse am besten geeignet, denn kein Personalmensch surft durch die Seiten Hunderter kleiner Allgemein-Anbieter. Außerdem ist die Wahrscheinlichkeit größer, dass ein Unternehmen auch dort sucht, wo es selber inseriert.

Für Ihre textliche Darstellung gilt in jedem Fall auch hier: Nur wenn Ihr Text auch kurz und prägnant, also »knackig«, ist, wird er vom Empfänger gelesen. Ihre besonderen und überragenden Fähigkeiten, Ihre Kernkompetenzen, gehören im Text ganz an den Anfang. Denn die meisten Leser entscheiden schon nach wenigen Zeilen, wie mancher Roman-Leser auch, ob sie weiterlesen wollen oder mit einem Klick auf die nächsten Seiten springen.

Falls sich ein Leser für Sie interessiert, wird er ganz normal von Ihnen eine komplette schriftliche Bewerbung erbitten. Nur wenige Unternehmen geben sich nur mit dem »elektronischen Material« zufrieden.

Aber das elektronische Bewerbungsmaterial reicht nicht aus.

Treffen Sie unbedingt den richtigen Ton! Beim Kontakt per E-Mail sollten Sie keineswegs in den flapsigen Online-Jargon verfallen, der in Chat-Räumen oder privaten E-Mails vorherrscht. So genannte »Emoticons« und Duzen sollten Sie sich auf jeden Fall verkneifen. Personalleute legen nämlich auch online Wert auf Seriosität.

Und eines sollten Sie sich bitte ganz besonders zu Herzen nehmen: Machen Sie bitte Ihre Jobsuche niemals von einem Firmencomputer aus! Sie hinterlassen auf der Festplatte Ihres Büroterminals oder auf dem Firmenserver eine breite Spur von aufgerufenen Seiten! Wenn Ihnen ein Netzadministrator nicht wohlgesonnen ist und diese Aktivitäten Ihrem Chef meldet, brauchen wir über die Folgen nicht zu reden. Auf den folgenden Seiten erhalten Sie nützliche Web-Adressen, die wir Ihnen bei der Stellensuche empfehlen können.

> Nutzen Sie für Ihre Berufsentwicklung und Jobsuche also nur den eigenen, heimischen und damit sicheren Computer und den eigenen Browser!

Suchmaschinen

Der Zeit-Robot ist vielleicht auch Ihre Chance.

Für eine echte Zeitersparnis – daher nennen wir ihn an erster Stelle – bei der Suche nach einem Job im Netz sorgt der **»Zeit-Robot«**. Diese Suchmaschine, die das mühselige Seitenspringen übernimmt, durchkämmt täglich das deutschsprachige Internet nach Stellenangeboten, auf die Sie sich bewerben können, und klappert dabei alle seriösen Stellenbörsen ab.

Dazu formuliert der Bewerber seine Wünsche, Optionen und Präferenzen in einem persönlichen Suchformular, einer einfachen Suchmaske. Danach wird der Robot aktiv und ordnet die Angebote nach Stichwörtern und Aktualität, meist sogar mit Links auf die Stellenausschreibung. Die Angebote offener Stellen, auch international, richten sich besonders an Akademiker jeglicher Couleur.

Zur Zeit erfasst dieser Robot ungefähr 26.000 freie Stellen, die auf den deutschsprachigen Stellenmärkten angeboten werden. Sie finden diese Suchmaschine gemeinsam mit vielen anderen Job-Informationsangeboten auf der Job-Homepage der Wochenzeitung »Die Zeit« unter: http://www.jobs.zeit.de

Der Anbieter unter http://www.cesar.de hält ungefähr 200.000 Angebote parat (Cesar = **C**entral **E**mployment **S**earch **A**nd **R**etrieval). Dies ist eine so genannte Meta-Site mit einer ausführlichen Auflistung fast aller deutschsprachigen Jobbörsen inklusive ihrer Kurzbeschreibung. Außerdem werden Angebote von Universitäten und Firmen ausgewertet und Praktikantenplätze, Ehrenamtliches und sogar Tipps für Existenzgründer angeboten. Der Jobagent durchsucht auch die Angebote des Arbeitsamtes relativ schnell und komfortabel; er ist übersichtlich und gut erklärt.

Ungefähr zehn Jobbörsen durchsucht die Job-Suchmaschine unter http://www.jobworld.de. Dies ist ein Agent mit stark

EDV-lastigem Angebot, der gute Auswahlmöglichkeiten bietet. Die komfortable Benutzeroberfläche weist direkte Links auf, die zu den Stellenanzeigen führen. Eine separate Datenbank enthält Jobs in Forschung und Lehre.

Digitale Bewerbermappe online

Unter dem Kürzel Abiw (**Ab**solventen **i**m **W**eb) publiziert die Bremer Internet-Agentur Blaha & Ysker individuelle, persönliche Bewerbermappen im Internet, mit Foto, Anschreiben, Lebenslauf, Zeugnissen und ggf. auch Arbeitsproben. Die Empfänger in den Personalabteilungen können sich im wahrsten Sinne des Wortes von den Bewerbern »ein Bild« machen und interessante Kandidaten direkt zum persönlichen Vorstellungsgespräch einladen.

Abiw ist im Grunde ein Absolventenkatalog im Internet, der Bewerbungsunterlagen von Hochschulabsolventen aus dem gesamten Bundesgebiet (zum Teil auch aus dem Ausland) enthält und der täglich aktualisiert wird. Abiw arbeitet mit einer ganzen Reihe von Hochschulen und Hochschulteams der Arbeitsämter zusammen.

Hier ist die große und nicht teure Chance für Hochschulabsolventen.

Abiw selbst beschreibt die Vorteile der digitalen Bewerbung folgendermaßen:

»Im Zeitalter moderner Kommunikation ist das traditionelle Bewerbungsverfahren per Post veraltet. Die digitale Bewerbermappe spart Kosten, Ressourcen und Zeit und ist von jedem PC aus zu erreichen, der über einen Internet-Zugang verfügt.

Bevor Unternehmen eine Stellenanzeige schalten, können sie mit geringem Zeitaufwand überprüfen, ob im digitalen Katalog ein passender Kandidat dabei ist. Kleine und mittlere Unternehmen haben ebenso Zugriff auf den Absolventenkatalog wie große Konzerne.

Für die Bewerber ist die Internet-Publikation einer Standardbewerbung kostenlos. Erweiterungen wie beispielsweise Mehrsprachigkeit und Vorstellungen im O-Ton (»Streaming audio«) werden berechnet.«

Unter der Internet-Adresse http://www.job-pages.de können sich Jobsucher jetzt auch mit ihrer kompletten Bewerbungsmappe, inklusive Lebenslauf, Foto oder Zeugnissen, potenziellen Arbeitgebern vorstellen. Die dynamische Datenbank erlaubt Personalleuten gleichzeitig die Suche nach dem geeignetsten Kandidaten.

Zu diesem Zweck kann zwischen insgesamt 21 verschiedenen Suchkriterien gewählt werden, wie zum Beispiel Branche, Berufserfahrungen oder Spezialkenntnisse. Der dreimonatige Webauftritt kostet zur Zeit DM 87,– und kann unter der Telefon-Nummer 069/60 324 518 beantragt werden.

Bewerbungs-Check-up online oder per Fax

Lassen Sie Ihre Unterlagen durchchecken, bevor Sie sie versenden.

Damit Ihre Bewerbungsmappe nicht wegen fehlerhafter Unterlagen, eines mangelhaften Anschreibens oder Unstimmigkeiten im Lebenslauf auf den Stapel mit den Absagen kommt, bietet der Akademische Dienst Berlin (ADB) unter http://www.akademischerdienst.de mit einem Bewerbungs-Check-up Hilfe im Internet an.

Der Jobsucher muss lediglich die Stellenanzeige, auf die er sich bewerben will, den Entwurf eines Anschreibens, des Lebenslaufes und einige persönliche Angaben per E-Mail oder Fax an den ADB senden. Innerhalb von drei Tagen kommen die überarbeiteten und optimierten Unterlagen per Post zurück. Dieser Service kostet derzeit DM 40,–, mit zusätzlicher telefonischer Beratung DM 60,–. Darüber hinaus finden sich auf den Web-Seiten von ADB umfangreiche Informationen zum gesamten Bewerbungskomplex.

Gezielte Präsentation online

Das Gemeinschaftsprodukt Careerbase vom Finanzdienstleister MLP, der SAP und ManagerMagazin online ist ein umfasender Web-Service, der Unternehmen und Bewerber informieren und zusammenbringen will. Er ist unter der Internet-Adresse http://www.careerbase.de erreichbar.

Bewerber müssen einen detaillierten Fragebogen ausfüllen. Dabei werden online die üblichen Daten zum Lebenslauf abgefragt. Die Eingabemaske bietet jedoch auch noch ausreichend Platz für die Beschreibung der sozialen Kompetenzen, der so genannten »soft skills«.

Alle Einträge werden anonym sämtlichen Firmen zugänglich gemacht – wer will, kann zudem spezifische Wunschunternehmen angeben.

Sobald ein Unternehmen die persönlichen Angaben eines Bewerbers anfordert, wird der Kandidat per E-Mail informiert.

Jobbörsen für alle Branchen

http://www.jobnet.de
http://www.deutscher-stellenmarkt.de
http://www.focus.de/D/DB/DBV/dbv.htm
http://www.jobs.adverts.de
http://www.arbeitsamt.de
http://www.FAZ.de/Stellenmarkt
http://www.jobware.de
http://www.wdr.de/jobs
http://www.mamas.de
http://www.job-pool.com
http://www.arbeit-online.de
http://www.brigitte.de (spezielles Angebot für Frauen)
http://www.job24.de

Diese Seiten sollten Sie »besucht« haben.

http://www.berufswelt.de
http://www.perspektiven-online.de
http://www.stellenmagazin.de
http://www.alma-mater.de

Jobbörsen für neue Medien

http://www.dmmv.de
http://www.dv-job.de
http://www.sitebysite.de/de/jobs/jobboerse.shtml
http://www.screen-multimedia.de
http://www.multimedia.de/job
http://www.horizont.net/stellenmarkt
http://www.hightext.de/jobs
http://www.telejob.ethz.ch/telejob
http://www.wuv.de
http://www.swisswebjobs.ch
http://www.computerjobs.de
http://www.computerwoche.de/jobsundkarriere/
    stellenmarkt/main.cfm

Jobbörsen für Praktika

So kommen Sie gewiss zu einem guten Praktikumsplatz.

Schüler und Studenten können nicht nur die Offerten zahlreicher Unternehmen im Web lesen, sondern sich selbst unter der Adresse http://www.wiwo.de/praktikum.htm auch als Suchende präsentieren. Und so einfach geht das: Persönliche Angaben, Praktikumswunsch, Branche und geplante Dauer im Internetformular eintragen, Bewerbung per Klick abschicken und auf die Antwort warten.

Wer es schneller wünscht, kann den Praktikumsnewsletter abonnieren. Per E-Mail kommt dann jeden Montag eine Liste aller neuen Praktikumsangebote der vergangenen sieben Tage frei Haus direkt auf den Rechner.

Weitere interessante Adressen für Praktika sind:

http://www.unicum.de/frames/praktika.htm
http://www.praktikum.wifo.uni-mannheim.de
http://www.freundin.com/job/praktikum
http://www.bonding.de/bondingframe.nsf/pages/jobboerse

Sonstige spezielle Jobbörsen und Bewerbungsmöglichkeiten

http://www.medizinfo.com/jobboerse/html/jobhome – Medizin, Pharma

http://www.pharmajobs.com – Medizin, Pharma

http://www.horizont.de/Stellenmarkt – Journalismus, Werbung, Medien

http://www.heise.de/stema – Journalismus, Werbung, Medien

http://www.oneworldweb.de/oekojobs.html – Umwelt

http://www.lnl.gc/announce/jobs – Stellenangebote für Physiker

http://www.gdch.de/arbeitsv/stellste.htm – Stellenangebote der Gesellschaft Deutscher Chemiker

http://www.infm.it/giovani/giovani.html – europäische Datenbank für Naturwissenschaftler

http://www.acm.org/cacm/careeropp – internationale Stellenangebote für Informatiker

http://www.bau.net/inserate – Spartenbörse für die Bauwirtschaft

http://www.dainet.de/dain/service/stellm – Stellenmarkt für Land- und Forstwirtschaft und Ernährung

Die meisten Branchen haben ihre eigene Job-Börse; nutzen Sie diese Chance.

http://www.hotelonline.de/stellen.html – Gastronomie und Touristik

http://www.journalist.de – Spezialangebote für Journalisten

http://www.jusline.de/jusjobs – Angebote für Juristen

http://www.kommunal-online.de/stellen – Stellen bei Kommunen und im öffentlichen Dienst

http://www.visual-data.de/lanca-a-lot/index – Datenbank für Freiberufler in der Medienbranche

http://www.adp.de – Jobbörse für Fach- und Führungskräfte in der EDV

http://www.business-channel.de – zahlreiche Angebote von Headhuntern, etablierten Personalberatern und renommierten Unternehmen

Adressen für Jobs im Ausland

http://www.coolworks.com – Jobs in den USA: Saisonarbeit in den Nationalparks, Skigebieten oder auf einer Ranch

http://www.netview.com/svg/jobs – Angebote vom Silicon Valley Employment Gateway, USA

Erfahrungsaustausch über Internet-Bewerbungen

Hier können Sie über Ihre Erfahrungen mit Internet-Bewerbungen berichten.

Haben Sie gute oder schlechte Erfahrungen mit einer Internet-Bewerbung gemacht? Sie möchten diese Erfahrungen weitergeben und mit anderen diskutieren, sie warnen oder Empfehlungen aussprechen? Für diesen Zweck gibt es eine gute Adresse:

Professor Christian Scholz vom Lehrstuhl für Organisation, Personal- und Informationsmanagement der Universität des Saarlandes hat eigens eine Plattform eingerichtet, auf der sich Unternehmen und Bewerber austauschen können. Erwünscht sind Tipps, Erfahrungen und Verbesserungsvorschläge für die Jobsuche im Internet: http://www.orga.uni-sb.de. Stichwort: Bewerbung im Internet.

Die eine oder andere skeptische Aussage von Professor Scholz zur Bewerbung im Internet möchten wir Ihnen nicht vorenthalten – sie regen zum Nachdenken an:

»Die elektronische Vorauswahl der Kandidaten über das Internet gleicht dem Prinzip einer Erbsensortiermaschine; die Unternehmen bekommen nur genormte Standardtypen – nicht zu klein, nicht zu groß. Das heißt, die breite Mischung und Vielfalt unterschiedlicher Charaktere geht verloren. Welche negativen Folgen dies für die Innovationskraft und Kreativität eines Unternehmens hat, ist hinlänglich bekannt. So mancher Mitarbeiter wird sich fragen, ob er in einem Unternehmen arbeiten möchte, das seine Mitarbeiter mit mechanischen Verfahren auswählt und wie Erbsen sortiert.«

Das wird Skeptiker in ihrer Ansicht bestätigen.

In einer Netzbewerbung sind beispielsweise 14 Semester bis zum Examen ein K.O.-Kriterium – auch wenn der Bewerber während des Studiums mit viel Engagement sein eigenes Unternehmen aufgebaut und hinterher mit Profit verkauft hat.

Nach Professor Scholz' eindeutiger Meinung sollte man auf Online-Bewerbungsformulare in Jobmaschinen und Börsen nicht reagieren. Sie seien für Bewerber ein ganz gefährliches Spiel; die Unternehmen hätten alle Macht, alle Kontrollmöglichkeiten, die Bewerber gar keine, denn sie wissen nicht, nach welchen Kriterien das Computersystem auswählt.

Stellen Sie sich den Vorgang einmal plastisch vor: Da geben Sie Ihre ganz persönlichen Daten ein, und dann leuchtet Sekunden später in roter Signalfarbe auf dem Bildschirm »No« auf. Das darf es unserer Meinung nach nicht geben – es ist unprofessionell und unethisch.

Die Beziehungsbewerbung

Der unschlagbare Wert einer so genannten Beziehungsbewerbung liegt darin, dass Sie den Namen eines angesehenen Mitarbeiters im Unternehmen nennen können, auf den Sie sich beziehen. Wenn Sie also schon mit den ersten Zeilen Ihrer Bewerbung die Aufmerksamkeit des Lesers dadurch erlangen, dass Sie jemanden erwähnen, der einen »guten« Namen im Unternehmen hat, haben Sie einen Riesenvorteil vor allen Mitbewerbern.

Vitamin B (Beziehung) hilft immer noch!

> Kaum ein Personalmensch wird sich die Gelegenheit entgehen lassen, jemanden mit einem derartigen Auftritt zu einem zumindest informativen Gespräch einzuladen – es sei denn, Ihre Bezugsperson steht mit dem Personalentscheider in einem Konflikt. Dann werden sich für Sie keine Vorteile ergeben, im Gegenteil!

Eine Beziehungsbewerbung kann sich auch dadurch ergeben, dass Sie sich nach einem Vorab-Telefonat mit einem möglichen zukünftigen Vorgesetzten auf ihn und dieses Gespräch beziehen. Diese Möglichkeit der Beziehungsbewerbung besteht immer dann, wenn in einem Stellenangebot ein Ansprechpartner, seine Telefonnummer und die Bitte um einen vorherigen Anruf zum Informationsaustausch vermerkt sind – und wenn Sie natürlich mutig diese Chance in eigener Sache ergreifen. Denn nach einem solchen Vorabgespräch werden nur noch diejenigen gebeten, ihre schriftlichen Unterlagen einzusenden, die diese Vorauswahl bestanden haben.

Ein Bewerbungsanschreiben könnte in diesem Fall so beginnen: »Ich danke Ihnen auf diesem Wege zunächst noch einmal für das informative Vorabgespräch, das ich am ... mit Ihnen führte und in dem es um die Besetzung der vakanten Position in Ihrer Marketing-Abteilung ging. Wie Sie sich erinnern werden, beschrieb ich Ihnen meine Qualifikation und Berufserfahrung auf dem Gebiet des ... Mit diesen schriftlichen Unterlagen bewerbe ich mich nun detailliert um diese Position.«

Die Bewerbung auf eine interne Stellenausschreibung oder vakante Position innerhalb des Unternehmens

Da Sie sich intern nur bewerben können (und sollten), wenn Sie bereits (länger und erfolgreich) im Unternehmen selbst beschäftigt sind, werden ihre Zeugnisse und Qualifikationspapiere in einer Personalakte enthalten sein.

Es gibt auch einen innerbetrieblichen Stellenmarkt.

Ihre Bewerbung besteht dann lediglich aus einem Bewerbungsanschreiben an die Personalabteilung, in dem Sie sich auf die interne Stellenausschreibung oder die Vakanz beziehen.

> Bitte bewerben Sie sich um eine intern ausgeschriebene Stelle erst nach einem vertrauensvollen Gespräch mit Ihrem Vorgesetzten. Er sollte über Ihr Vorhaben Bescheid wissen und Ihrem Veränderungswunsch zustimmen. Dadurch vermeiden Sie Konfliktsituationen!

Die Bewerbung über eine Personal-Agentur oder einen »Headhunter«

Fast jeder erfolgreiche Manager gerät früher oder später auf die Adressliste eines Headhunters oder einer Personal-Agentur. Inzwischen ist diese Art der Personalsuche sogar für das mittlere Management üblich und wird teilweise auch schon für Hochschulabsolventen und Angestellte mit ersten Berufserfahrungen praktiziert.

Drei Varianten gibt es bei dieser Form der Jobsuche:

Ab einer bestimmten Gehaltsklasse ist ein Headhunter hilfreich.

1. Der Headhunter/die Personal-Agentur spricht Sie an, weil man in Ihnen eine interessante, vermittelnswerte Person sieht. Meist geschieht das mit einem unverbindlichen Anruf, um Ihr Interesse an einem Wechsel zu erkunden.

Haben Sie das telefonische Interview bestanden, können Sie dem Headhunter oder der Personal-Agentur Ihre schriftlichen Unterlagen zusenden. Diese bestehen meist aus einem Lebenslauf, in dem vor allem die einzelnen Stationen Ihres Berufslebens und dabei die wichtigsten Karrierestufen von Interesse sind. Auch Zeugnisse früherer Arbeitgeber oder ein Zwischenzeugnis des aktuellen Arbeitgebers und eine Beschreibung der momentanen Position können dazugehören.

Der Headhunter/die Personal-Agentur wird Ihnen unter Umständen eine anonyme Beschreibung der zu besetzenden Position einschließlich der Eckdaten des Unternehmens, das hinter dem Stellenangebot steht, zukommen lassen. Gegebenenfalls fügt man auch eine Selbstdarstellung der eigenen Beratungsgesellschaft bei.

Anhand dieser Informationen können anschließend beide Seiten entscheiden, ob eine Vertiefung des Kontakts in Form eines persönlichen Gesprächs von Interesse ist.

Ingesamt müssen Sie als Kandidat bei diesem Prozedere fünf Hürden überspringen:

- Die Kontaktaufnahme und das erste Telefonat mit dem Headhunter oder der Personal-Agentur; dabei wird der Eindruck, den Sie hinterlassen, wesentlich sein. Denn der Anrufer gleicht all Ihre Qualifikationen mit den Unternehmensansprüchen und den Aufgabenstellungen ab. Wenn Sie sich als geeignet und profiliert erweisen, werden Sie gebeten, Ihre schriftlichen Unterlagen einzureichen.

- Es folgt eine Einladung zu einem persönlichen Gespräch mit dem Headhunter oder der Personal-Agentur.

- Nach einem erfolgreichen Gespräch gibt der Headhunter/ die Personal-Agentur einen vertraulichen Bericht an das suchende Unternehmen mit der Empfehlung weiter, Sie einzuladen, um sich zu »präsentieren«.

- Die Präsentation beim Kunden ist eigentlich nichts anderes mehr als eine Art Vorstellungsgespräch, in dem Sie alle für diesen Fall gebotenen Regeln der Höflichkeit, Verhandlungstechnik und Selbstpräsentation zu beachten haben.

Diese Hürden müssen Sie überwinden.

- Die letzte Hürde ist dann die Vertragsverhandlung, bei der Ihnen der Headhunter oder die Personal-Agentur assistierend zur Seite stehen werden.

2. Sie sprechen von sich aus einen Headhunter/eine Personal-Agentur an und bitten um Aufnahme in den Kandidatenstamm der zu vermittelnden Personen. Diese Art Jobsuche scheint uns nicht ganz so erfolgreich zu sein wie der bereits beschriebene Weg. Prüfen Sie mittels Vorabtelefonat Ihre Chancen.

3. Der Headhunter/die Personal-Agentur schaltet ein Stellenangebot, auf das Sie mit einer kompletten schriftlichen Bewerbung reagieren, ohne jedoch zunächst zu wissen, wer Auftraggeber ist und welches Unternehmen oder welche Institution sich letztendlich dahinter verbirgt.

Findet Ihre Bewerbung das Interesse des Headhunters oder der Personal-Agentur, wird man Sie zum üblichen Einstellungsprozedere einladen. Wenn Sie auch dieses bestehen, werden Sie dem suchenden Unternehmen präsentieren, das die endgültige Entscheidung über eine Einstellung treffen wird.

Informieren Sie sich einmal über diese Art der Personalvermittlung in der überregionalen Tagespresse.

Angebote für diese Art der Jobvermittlung finden Sie zum Beispiel in der »Frankfurter Allgemeinen Zeitung«.

Das Bewerbungsanschreiben und der Lebenslauf

Welche schriftlichen Unterlagen
werden von Ihnen verlangt? 42

Das Bewerbungsanschreiben:
Das »A und O« der Bewerbung 44

Beispiel-Anschreiben 59

Der situativ verfasste Lebenslauf . 79

Beispiel-Lebensläufe 90

Welche schriftlichen Unterlagen werden von Ihnen verlangt?

Sehen wir in die Stellenangebote der regionalen und überregionalen Tages- und Fachpresse und informieren uns über die Wünsche der Anbieter im Bezug auf die gewünschten Unterlagen oder die Art der Bewerbung. Wir lesen:

Und so lautet die Bitte, sich mit den kompletten Unterlagen zu bewerben.

Bitte bewerben Sie sich mit:

- aussagefähigen, aussagestarken Unterlagen;
- vollständigen, kompletten, den üblichen Unterlagen.

Bitte schicken Sie:

- Ihre aussagefähige, Ihre schriftliche, eine kurzfristige, aussagefähige Bewerbung;
- eine Bewerbung mit entsprechenden Unterlagen;
- eine Kurzbewerbung mit Foto;
- eine Bewerbung mit lückenlosem Lebenslauf und beglaubigten Zeugniskopien;
- eine Bewerbung mit handgeschriebenem Lebenslauf, Lichtbild, Zeugnisabschriften, Unterlagen über die bisherigen Tätigkeiten und Referenzen;
- zunächst nur ein aussagekräftiges Bewerbungsschreiben mit Angabe des Gehaltswunsches, frühestmöglichem Eintrittstermin, ausführlichem Lebenslauf und eine Liste der bearbeiteten Projekte

Von Schulabsolventen, die sich um einen Ausbildungsplatz bewerben – bei Banken meist solche mit mittlerer Reife oder dem Abitur – werden an Unterlagen erwartet:

- das Bewerbungsanschreiben,
- ein tabellarischer Lebenslauf,
- Kopien der letzten drei Schulzeugnisse
- und ein Lichtbild neueren Datums.

Komplette Unterlagen **43**

Und in Englisch lauten die Wünsche z. B. folgendermaßen:

- Curriculum vitae and contact details of three referees should be sent to ...
- Please send career history (CV) in English and covering letter stating current salary to ...
- Please submit applications to ...

Grundsätzlich gehen alle Anbieter von Stellen davon aus, dass Bewerber genau wissen, was der Begriff komplette Unterlagen bedeutet. Nirgendwo jedoch gibt es eine geschriebene und allgemeinverbindliche Regelung darüber, was eine Bewerbung komplett macht.

Gehen Sie davon aus, dass eine aussagefähige Bewerbung Folgendes enthalten muss:

- ein perfektes Bewerbungsanschreiben (eine/zwei Seiten),
- einen vollständigen, meist tabellarischen Lebenslauf (eine/zwei Seiten),
(Diese beiden Unterlagen genügen in jedem Fall für eine Kurzbewerbung, sei sie verlangt oder initiativ.)
- Kopien der Ausbildungs- und Arbeitszeugnisse (das höchstqualifizierende Schulzeugnis genügt!),
- wichtige Zertifikate und Befähigungsnachweise,
- ein gelungenes Foto mit optimistischer Ausstrahlung sowie
- ein gut und nicht zu kreativ gestaltetes Extra-Deckblatt – das fällt positiv auf!

In jedem Fall raten wir Ihnen dringend, wenn Sie sich auf ein Stellenangebot bewerben, genau zu lesen, was verlangt wird, und dies dann auch in Ihre Bewerbung aufzunehmen!

Lesen Sie bitte immer ganz genau, was verlangt wird!

Wenn beispielsweise explizit beglaubigte Zeugniskopien verlangt werden und Sie diese Ihrer Bewerbung nicht beifügen, bringt das schon von vornherein Minuspunkte, die Sie hätten vermeiden können!

Das Bewerbungsanschreiben: Das »A und O« der Bewerbung

Wenn Sie im Bewerbungsgeschehen auf dem hart umkämpften Jobmarkt auch nur den kleinsten Fehler machen, werden Sie sofort von der Schar der Mitbewerber überholt und ausgestochen; daher sind wir so fixiert darauf, Ihnen zu vergegenwärtigen, dass Ihre Bewerbung perfekt sein muss! Ein Personalchef gibt Ihrer Bewerbung nur ein paar Augenblicke, um zu entscheiden, »ob Sie dabei sind oder nicht«.

Das richtige Anschreiben ist die Eintrittskarte zum Vorstellungsgespräch.

> Ihre Qualifikation und Kernkompetenz müssen dem Leser des Anschreibens förmlich in die Augen springen, sein Interesse wecken!

Für einen Personalmenschen ist es in der Tat eine Quälerei, einen langweiligen Brief nach dem anderen zu lesen; oder auch jene, die aufschneiderisch und angeberisch Zeile für Zeile beschreiben, wie toll und erfolgreich Sie einen Job erledigen würden, wenn Sie ihn denn hätten!

Viel zu selten gibt es Bewerbungsanschreiben, die zum Lesen reizen, und auch die Bewerber sind leider selten, die sich ein wenig Zeit beim Abfassen des Bewerbungsbriefes nehmen und einen Brief »basteln«, der sich ganz klar auf den angebotenen Job bezieht und, Kenntnisse und Fähigkeiten präzise darstellend, genau das Ziel trifft.

> Aber genau diese seltenen Briefe sind es, die gelesen werden und eine positive Entscheidung herbeiführen. Da gibt es kein Wenn und Aber! Sie müssen mit Ihrem Anschreiben besser sein als die Mitbewerber, Sie müssen die anderen meilenweit hinter sich lassen!

Form und Inhalt

Im Folgenden möchten wir Ihnen den grundsätzlichen Aufbau des Bewerbungsanschreibens darstellen sowie weitere systematische Möglichkeiten, den Inhalt eines Bewerbungsanschreibens auf eine Art aufzubauen, dass er dem Leser sofort Ihre Kernkompetenzen und den Abgleich Ihres Leistungsprofils mit dem Anforderungsprofil der angebotenen Position präsentiert.

Formal muss das Anschreiben selbstverständlich den Normen und Gepflogenheiten der Geschäfts- und auch Behördenwelt, den DIN-Normen, entsprechen. Je nach Situation können Sie diese DIN-Normen auch in Maßen kreativ durchbrechen. Wenn Sie sich jedoch als Chefsekretärin bewerben, die tagtäglich Dokumente nach den üblichen Schriftregeln erstellt, dann raten wir Ihnen dringend ab, auf diesem Wege Ihre Kreativität unter Beweis zu stellen! Denn Ihr Job setzt ja gerade die Einhaltung dieser Regeln voraus!

Prinzipiell immer die Form wahren, auch wenn Sie das für überholt halten!

Der Aufbau und die Gliederung des Anschreibens werden im Regelfall schematisch und inhaltlich wie folgt gestaltet, wobei wir Position eins bis vier zum Zwecke einer klareren Präsentation abweichend von der DIN-Norm (DIN 5008/5009) darstellen:

Natürlich hat sich heute das formvollendete Bewerbungsprozedere je nach Branche ein wenig aufgelockert:

Bewerben Sie sich als Multimedia-Designer in der IuK-Branche, dann haben Sie wohl mehr Erfolg, wenn Sie Schriften und Lay-Out von David Carson einsetzen als wenn Sie darauf achten, auch ja alles linksbündig entsprechend der Deutschen Industrie-Norm zu verfassen.

Welchen Weg Sie gehen wollen, müssen Sie selbst mit dem richtigen Fingerspitzengefühl ertasten.

1. Vor- und Zuname
   Berufsbezeichnung oder
   akademischer Grad

2. Straße, Hausnummer
3. Postleitzahl, Wohnort
4. Telefon
   Telefax
   E-Mail

5. Ort, Datum

6. Empfängeranschrift

7. Text des Betreffs

8. Anrede

9. Gegliederter, aufgelockerter, lesbarer, inhaltsreicher Text, der genau Ihre Kernkompetenzen aufzeigt und beweist, warum Ihr Leistungsprofil die Anforderungen der zu besetzenden Stelle abdeckt.
(Dies ist der Hauptteil des Bewerbungsanschreibens!)

10. Schlussformulierung

11. Gruß

12. Unterschrift mit Vor- und Zuname

13. Anlagenvermerk;
entweder, falls es nur wenige sind, einzeln aufzählen;
falls es mehrere sind, können Sie auch die Anzahl angeben (z.B. »17 Anlagen«) oder ein Anlagenregister als separates Blatt hinter dieses Anschreiben legen.

Den zentralen Punkt 9 können Sie auch wie folgt gliedern:

> Eröffnungssatz
> (Warum ich an Sie schreibe)
>
> Meine positiven Kernkompetenzen
> (Warum Sie mich unbedingt zu einem Vorstellungsgespräch einladen sollten)
>
> Meine Motivation
> (Warum ich unbedingt für Sie arbeiten will)
>
> Abschließende Formulierungen
> (Die nächsten Schritte: »Ich hoffe, dass ich Ihnen bei einem Gespräch überzeugend zeigen kann, welchen Beitrag ich für Sie und Ihr Haus leisten kann.«)

Auch ein spaltenweiser Aufbau des Punktes 9 ist möglich. Die optisch auffällige Gegenüberstellung ist der präziseste Beweis Ihres Könnens und der beste Abgleich von Anforderung und Profil. Wenn Ihnen das gelingt, wird jeder Leser sagen: »Die Kandidatin/der Kandidat bringt ja alles mit, was wir brauchen; die/den wollen wir mal einladen!«

Das sollten Sie unbedingt einmal versuchen.

Ihr Anforderungsprofil:	Mein Leistungsprofil:
(aus dem Stellenangebot entnommen)	(belegt im Lebenslauf und durch entsprechende Zeugnisse)
etc.	etc.

Eine einfache, jedoch effiziente Aufteilung des Punktes 9 ist die folgende, die sich aus der alten Verkaufsformel M-V-N (Merkmal – Vorteil – Nutzen) ergibt:

> Ich bin ...
> (Kurze Selbstdarstellung, meine Merkmale)
>
> Ich suche eine Position wie die beschriebene, weil meine Ausbildung und Erfahrung viele Vorteile für Sie haben können:
> (Beschreibung meines Könnens)
>
> Und das ist der Nutzen für Ihr Unternehmen:
> (Meine Kernkompetenzen)

Eine weitere Variante ergibt sich daraus, dass viele Firmen, wenn nicht sogar alle, ein Stellenangebot nach dem folgenden Muster aufbauen:

> Wir sind ein erfolgreiches Unternehmen ...
> Wir suchen eine/einen ...
> Wir bieten Ihnen ...

Lesen Sie bitte genau heraus, wen dieses Unternehmen mit welchen Qualifikationen sucht, und antworten Sie dann auf die gleiche Weise im Punkt 9.

> Ich bin kaufmännische Angestellte/Diplom-Ingenieur/Personal-Controller etc.
>
> Ich suche eine Position...
> (Beschreiben Sie hier die angebotene Position aus dem Stellenangebot noch einmal kurz)
>
> Ich biete ...
> (Hier beschreiben Sie Ihre Kernkompetenzen)

Die DOs und DON'Ts

Was sollten Sie im Hinblick auf das Bewerbungsanschreiben tun, und was sollten Sie unterlassen? Bewerben Sie sich nicht um einen Job, dessen Anforderungsprofil Sie nicht mit Ihrem Leistungsprofil abdecken können! Niemand wird Ihnen einen Job anbieten, wenn Sie nicht das mitbringen und anbieten können, was verlangt wird, und zwar nach Möglichkeit zu hundert Prozent! Andernfalls leiten Sie eine Absage ein!

- Senden Sie niemals nur einen Lebenslauf als Bewerbung los, ohne ihn durch ein wirklich hervorragendes Bewerbungsanschreiben zu »adeln«!

- Adressieren Sie Ihre schriftliche Bewerbung nach Möglichkeit immer an eine namentlich genannte Person.

- Vermeiden Sie geschlechtsspezifische Anreden wie: »Sehr geehrte Herren«, wenn Sie auf eine Anzeige reagieren, in der keine Ansprechpartner genannt sind. Es muss immer heißen: »Sehr geehrte Damen und Herren«!

- Geben Sie Ihrem Anschreiben keine negative oder zu bescheidene Note – Sie liegen ja nicht auf Knien vor jemandem und erheischen untertänigst einen Job. Nein, Sie haben etwas anzubieten, und zwar Ihre Kenntnisse und Erfahrungen! Denken Sie immer daran!

Es genügt nicht, unsere Empfehlungen nur zu lesen, Sie müssen Sie auch befolgen!

- Zeigen Sie statt dessen Selbstvertrauen und Zuversicht! Es ist sogar angebracht, bei einer Bewerbung um bestimmte Positionen, in denen selbstsicheres und selbstbehauptendes Auftreten im Business dazugehört, stolz auf seine bisherigen Erfolge hinzuweisen; dass dies nicht in Arroganz ausarten darf, sollte selbstverständlich sein!

- Benutzen Sie nicht Klischeesätze wie: »Diesem Schreiben habe ich meinen tabellarischen Lebenslauf und 13 Zeugniskopien beigelegt.« Gehen Sie davon aus, dass der Leser das auch ohne Ihren Hinweis erkennen wird. Solche Phrasen verschwenden nur Platz auf dem Papier, den Sie besser für wichtigere Hinweise nutzen sollten.

Auch das ist wichtig zu bedenken.

- Unabhängig davon, wie Sie bisher bei Ihren Bewerbungen vorgegangen sind, legen wir Ihnen nahe, einmal über folgendes nachzudenken:
  - Wäre es nicht erfolgversprechender, selbst zu handeln, statt dem zukünftigen Arbeitgeber das »Gesetz des Handelns« zu überlassen?
  - Vermeiden Sie also bescheidene Floskeln wie: »Wenn Sie meine Qualifikationen zufriedenstellen und interessieren, dann seien Sie so frei, mich jederzeit zu einem Vorstellungsgespräch einzuladen!« Oder auch: »Ich freue mich auf Ihre Antwort!«
  - Verlassen Sie sich nicht darauf, dass Sie überhaupt eine Zwischenantwort, eine Antwort oder gar eine Einladung aufgrund dieser Floskeln bekommen werden.
  - Nein, es ist wichtig, dass Sie selbst nach dem Absenden Ihrer Bewerbung handeln!
  - Formulieren Sie in aller Höflichkeit einen anderen Schlusssatz als die bescheidene Floskel: »Über eine positive Antwort würde ich mich sehr freuen!«
  - Warum nicht einmal: »Ich bin überzeugt, dass ich mit meinem Leistungsprofil Ihre Anforderungen abdecke. Ich werde Sie in zwei Wochen anrufen, um mit Ihnen darüber zu sprechen.« Das müssen Sie dann allerdings auch tun!
- Sie vergrößern Ihre Chancen auf ein Vorstellungsgespräch oder auf eine positive Reaktion auf Ihre Bewerbung wesentlich, wenn Sie sich bald nach dem Abschicken Ihrer Unterlagen per Telefon melden, anstatt zu Hause gespannt auf einen Anruf oder auf den Briefträger zu warten! Auf

einen Anruf und eine Einladung aufgrund von Brieffloskeln können Sie wahrscheinlich lange warten!

- Überlegen Sie sich die ersten Sätze Ihres Anschreibens ganz besonders gut, denn »Wie du kommst gegangen, so wirst du empfangen!« Beginnen Sie keinen Brief mit der abgedroschenen Floskel: »Ich bewerbe mich um die Stelle als Controller in Ihrem Unternehmen, die Sie im Weserkurier vom 31.12.1999 angeboten haben.« Damit locken Sie niemanden mehr hinter dem Ofen hervor. Das alles gehört kurz und knapp in die Bezugszeile:
»Stabsstelle Controller
Weserkurier 31.12.1999«

Wenn Sie das Betreff auf diese Weise in der Bezugszeile vermerkt haben, ist jedem klar, dass Sie sich auf diese Position bewerben, oder nicht? Vermeiden Sie also alle abgedroschenen, ausgelaugten und nichtssagenden Standardfloskeln.

Vermeiden Sie bitte jede Standardfloskel; suchen Sie neue Formulierungen.

Stellen Sie sich doch bitte einmal vor, Sie selbst müssten als Personalkraft zweihundert Bewerbungen durcharbeiten, die alle mit dem Satz beginnen: »Ich bewerbe mich auf die Stelle in der Nordwest-Zeitung vom ...«. Stattdessen könnten Sie den Brief einmal mit Ihrem normalen Schlusssatz beginnen! Das meinen wir ernst! Etwa in dieser Art: »Über eine Einladung zu einem informativen Vorabgespräch würde ich mich sehr freuen, denn ...« Vermeiden Sie unbedingt:

- Schreibfehler jeglicher Art (vertrauen Sie niemals auf die Rechtschreibprüfung durch Ihren Computer; lesen Sie korrigierend Wort für Wort mit eigenen Augen),

- Fehler in der Zeichensetzung,

- verschmierte Schrift, geknicktes Papier,

- Flecken, Durchstreichungen, Radierungen,

- Fehler in der Anschrift,

- vorgedruckte Standardbriefe und Standardbewerbungen, die Sie nur noch mit Ihren Daten füllen müssen – diese sind ein absolutes »Unding«.

- Benutzen Sie eine einfache Sprache und eine Satzstruktur ohne komplizierte Nebensätze. Streichen Sie konsequent jedes überflüssige Wort! Beherzigen Sie die alte Spruchweisheit: »In der Kürze liegt die Würze!« Oder wenn Sie es lieber auf Englisch haben wollen: »Write tight!«

- Halten Sie das Anschreiben jedoch nicht zu allgemein und auf gar keinen Fall langweilig; Ihre Qualifikation würde dadurch wertlos werden. Viele Kandidaten meinen, der Personalchef werde sich schon das Wesentliche aus dem Lebenslauf herauslesen – falsch gedacht! Er wird erst gar nicht umblättern!

Zeigen Sie, was Sie über das Unternehmen wissen.

- Vergessen Sie nicht, dem beworbenen Unternehmen zu zeigen, dass Sie Faktenwissen darüber haben! Erwähnen Sie jedoch nicht extra, es sei hervorragend – das wissen sie schon, oder sie glauben es zumindest!

- Außer Ihrer eigenhändigen Unterschrift unter dem Bewerbungsanschreiben und dem Lebenslauf gibt es in der gesamten Bewerbung nichts Handschriftliches; es sei denn, dass ausdrücklich verlangt wurde, eine Handschriftprobe oder einen handgeschriebenen Lebenslauf beizufügen.

- Bewerben Sie sich nicht unter Niveau und unter Preis! Jeder Personalmensch wird hellhörig, wenn Sie sich im Anschreiben um eine Sachbearbeitungsposition bemühen, Ihr Lebenslauf aber zeigt, dass Sie in allen vorherigen Tätigkeiten eine Führungsposition innehatten. Es ist ein gravierender Fehler, sich auf eine Position zu bewerben, für die Sie nach Lage der Dinge überqualifiziert sind. Im mindesten müssen

Die richtige Gehaltsforderung **53**

Sie begründen, warum Sie sich auf eine »Lower-level-Position« bewerben; Sie müssen sich zu den Gründen bekennen. Seien Sie dennoch vorsichtig: Viele Personaler sehen in einer Bewerbung um eine niedrigere Position ein Zeichen von »Burn-out-Syndrom«, soll heißen, Sie fühlen sich einer verantwortungsvolleren Position nicht mehr gewachsen! Schreiben Sie lieber eine Erklärung z. B. der Art: »Ich fahre meinen Verantwortungsbereich, dessen bin ich mir bewusst, ein wenig herunter, um an denjenigen Aufgaben mitzuarbeiten, für die ich mich besonders gern einsetze – meinem Vorgesetzten durch gekonnt aufbereitetes Zahlenmaterial Entscheidungshilfen zu ermöglichen!«

- Antworten Sie in jedem Fall präzise auf die Job-Anforderungen, die im Stellenangebot verlangt werden.

- Senden Sie niemals Anschreiben, die erkennbar fotokopiert oder in Massen produziert wurden. Jedes Bewerbungsanschreiben muss ein Originalbrief sein!

  Senden Sie keine kopierten Anschreiben; das ist ein unverzeihlicher Fehler.

- Nennen Sie von sich aus niemals Gehaltsforderungen, und wenn Ihre Gehaltsangaben ausdrücklich erwünscht sind, nennen Sie keine fixe Zahl, sondern immer eine Spanne, eine Marge. Diese Marge liegt nach unten bei Ihrer »Schmerzgrenze« plus zehn oder fünfzehn Prozent und nach oben bei dem optimalen Gehalt, das in der Branche zum gegenwärtigen Zeitpunkt in diesem Bundesland erreichbar ist. Allemal besser ist es jedoch zu schreiben: »Über meine Gehaltsvorstellungen werde ich gerne in einem persönlichen Gespräch mit Ihnen reden«, denn das im Anschreiben genannte Gehalt kann schon beim ersten Lesen des Anschreibens ein K.O.-Kriterium sein.

- Versetzen Sie sich beim Verfassen Ihres Anschreibens immer wieder in die Lage eines möglichen Lesers Ihres Briefes. Worauf würden Sie achten? Was wäre für Sie interessant zu lesen? Was würde Sie negativ beeinflussen? Was stünde besser nicht in dem Brief? Worüber möchten Sie gerne noch mehr Informationen haben?

- Auch für das Anschreiben gilt die altbekannte Formel KISS: »Keep it short and simple!« (»Halte es knapp und einfach«). Eine Seite genügt meist.

Achten Sie auf eine gute Gliederung des Anschreibens, nutzen Sie die ganze DIN A4 Seite aus.

Nach jeweils vier bis fünf Zeilen machen Sie einen Absatz. Selbst wenn Sie meinen, so kurz könnten Sie niemals alles sagen, möchten wir Ihnen entgegnen: Glauben Sie nicht, dass Ihr Anschreiben von einem Personalmenschen wirklich Wort für Wort gelesen wird! Für das Durcharbeiten einer kompletten Bewerbung verwendet heute niemand mehr **Zeit als zwei Minuten! Un**d wenn Sie das wissen und beherzigen, kann Ihr Anschreiben nur so knapp und präzise sein, wie wir es Ihnen anempfohlen haben!

- In Abwandlung eines Zitats von John F. Kennedy: Sagen Sie dem potenziellen Arbeitgeber nicht, was er für Sie tun kann; sagen stattdessen Sie ihm, **was Sie für ihn und sein Unternehmen tun können. Dieser** Fehler wird sehr oft von unerfahrenen Job-Suchern begangen. Wir lesen leider häufig in Bewerbungsanschreiben, die uns zur Prüfung vorgelegt werden, Sätze wie: »Wenn Sie mir die Möglichkeit zur Einarbeitung geben, werde ich mich schnell in das neue Arbeitsgebiet eingewöhnen.«, »Ich kann zwar nicht alle Aufgabengebiete Ihres Stellenangebotes abdecken, glaube aber, dass Sie mir mit ein oder zwei Fortbildungskursen die Chance bieten, rasch perfekt zu sein.«, »Die geforderten Englisch-Kenntnisse kann ich noch nicht in dem Maße vorweisen, wie Sie es verlangen, da ich erst meine Englisch-Kurse erfolgreich abschließen muss; dazu bitte ich jetzt schon um die Möglichkeit, donnerstags um 15 Uhr Feierabend machen zu dürfen.«

Um es ganz deutlich zu sagen: Jedes Unternehmen will seine Umsätze und Gewinne steigern und möchte von Ihnen klipp und klar wissen, was Sie dazu beitragen können, dieses Ziel zu erreichen!

- Erflehen und erheischen Sie keine Vergünstigungen oder gar Wohltaten von Ihrem zukünftigen Arbeitgeber. Lassen Sie stattdessen Ihre Qualifikation für Sie sprechen! Und auf gar keinen Fall »reiten Sie die Tränentour«! Selbst wenn Sie die schlimmsten Schicksalsschläge erwähnen, die Ihnen widerfahren sind – mit dieser Mitleidsmasche bekommen Sie in den wenigsten Fällen einen Job! Denn kein Unternehmen fühlt sich als Sozialstation für bemitleidenswerte Menschen, das muss ganz klar sein!

- Beantworten Sie in Gedanken öfter mal die Frage, die sich jeder Unternehmer stellt, wenn er Ihre Unterlagen liest: »Warum soll ich diese Person eigentlich einstellen?« Beantworten Sie diese Frage indem Sie Ihre Kernkompetenzen anbieten, bzw. Ihren USP, wie es so modern heißt (Unique Selling Proposition = Ihr ganz besonderer Verkaufsnutzen für jemanden) darstellen. Anhand Ihrer Kernkompetenzen ist ein Abgleich Ihrer Qualifikation mit der angebotetenen Position möglich.

Ihr USP ist das Wissen und Können, das Sie einmalig macht.

Die Kernkompetenzen für die Potenzialeinschätzung der Bewerber sind:

- fachliches Potenzial,
- strategische Kompetenz (der Weg, den Sie einschlagen, zukünftige Ziele für sich oder das Unternehmen, bei dem Sie sich bewerben, zu erreichen),
- unternehmerische Kompetenz (die Art und Weise, wie Sie ein Unternehmen durch Planung, Organisation, Kontrolle und Entscheidungen führen würden),

- Führungskompetenz (Ihre Ideen zum eigenen Führungsstil und zur Mitarbeiterführung allgemein),
- soziale und interkulturelle Kompetenz,
- Veränderungskompetenz (sind Sie bereit und in der Lage, den Wandel in einem Unternehmen oder der Arbeitswelt allgemein mitzugestalten, oder beklagen Sie nur den Verlust von Althergebrachtem? Leben Sie nach dem Motto: »Veränderung ist positiv«?)
- innere Unabhängigkeit (stehen Sie souverän im Leben und über den Dingen?).

- Wärmen Sie im Bewerbungsanschreiben auf gar keinen Fall noch einmal Ihren Lebenslauf auf! Sie können zwar im Anschreiben die »Highlights« Ihres Berufslebens erwähnen, wenn sie der Steigerung Ihrer Bewerbungschancen dienen, aber Sie verschwenden wertvollen Platz – und zudem die Zeit des Lesers –, wenn Sie stereotyp noch einmal den Lebenslauf herunterbeten.

Wer zu sehr ins Detail geht, hat keinen Blick für das Wesentliche.

- Gehen Sie niemals zu sehr ins Detail, aber hüten Sie sich andererseits auch vor zu verschwommener, allgemeiner Darstellung der Dinge. Kommen Sie immer »genau auf den Punkt«, die präzise Beschreibung Ihrer Qualitäten, die Sie für eben diesen Job qualifizieren.

- Lassen Sie den Leser nicht erst den ganzen Brief »durchsuchen«, um herauszufinden, wonach Sie eigentlich suchen.

- Benutzen Sie bitte keine abgedroschenen, nichtssagenden Formeln wie: »Ich suche eine verantwortungsvolle, teamorientierte Position mit entsprechendem Wachstumspotenzial.« Solche Formulierungen treffen auf Hunderte von Jobs zu. Es liegt an Ihnen herauszufinden, welcher angebotene Job das erfüllt!

- Erwarten Sie nicht vom Leser Ihrer Bewerbung, dass er Sie in Ihrer Karriere unterstützt und berät! Nur ganz selten einmal werden Sie einen hilfsbereiten Berater antreffen, der Ihnen im anschließenden Vorstellungsgespräch Tipps gibt, die für Ihre Karriere förderlich sind. Verlangen Sie dies jedoch nicht schon im Bewerbungsanschreiben mit Formulierungen wie: »Ich freue mich auf ein Vorstellungsgespräch mit Ihnen, um meine Karriereziele weiter zu spezifizieren!«

- Zählen Sie weder Hobbys noch persönliche Vorlieben im Anschreiben auf, wenn sie nicht hundertprozentig wichtig sind für die Position, auf die Sie sich bewerben, oder tun Sie es aus taktischen Gründen nur, wenn Sie wissen, dass Ihr Adressat gleiche Vorlieben und Interessen hat.

- Jeder weiß, dass es schwierig ist, sich heutzutage im Bewerbungsgeschehen erfolgreich zu verkaufen und mit seiner Bewerbung die Aufmerksamkeit des Lesers zu erringen. Aber kommen Sie um Gottes willen nie auf die Idee, Ihre Bewerbung durch Beigaben aufzupeppen! Diese »Gimmicks« bringen äußerst selten den erhofften Erfolg. Wenn Sie Personalleute fragen, was denn schon alles in Bewerbungen als Beigabe zu finden war, dann reicht die Aufzählung von getrockneten Blumen und Schokoladentäfelchen über buntfarbigste Designer-Umschläge bis zu parfümiertem Papier! Diese Beigaben verdecken einen Mangel an Substanz in der Bewerbung und stoßen dem Leser negativ auf.

    In das Anschreiben gehören keine »Werbegeschenke«.

- Stellen Sie sicher, dass Sie jederzeit erreichbar sind! Geben Sie alle Nummern an, unter denen Sie erreichbar sind:
    - Telefon-Nummer,
    - Fax-Nummer,
    - E-Mail Adresse,
    - Homepage mit Link zur E-Mail,
    - Handy-Nummer etc.

Ob Sie auch die Durchwahl auf Ihren gegenwärtigen Arbeitsplatz angeben sollten, das bleibt Ihnen und den Gegebenheiten dieses Platzes überlassen. Nichts ist jedoch peinlicher als ein Anruf eines zukünftigen Arbeitgebers, wenn Ihr derzeitiger Chef neben Ihnen steht und von Ihren Abwanderungsgedanken nichts weiß!

Gleichermaßen ist in der Bewerbungssituation nichts schlimmer als ein Anruf, der Sie nicht erreicht, weil Sie nicht sichergestellt hatten, dass Sie oder jemand aus Ihrem Umfeld (aber bitte nicht das dreijährige Söhnchen) den Hörer abnimmt und Sie anschließend informiert!

Einige Hinweise an Führungskräfte

Führungskräfte sollten bei der Bewerbung sorgfältig diese »ungeschriebenen Gesetze« beachten.

Eine Führungskraft sollte bei der ersten Zuschrift sehr vorsichtig sein und nicht gleich mit Formulierungen wie »Hiermit bewerbe ich mich« über das Ziel hinausschießen. Denn gerade von einer Führungskraft wird eine gewisse sprachliche Zurückhaltung und Differenzierung erwartet und geschätzt. Es reicht vollkommen aus, dass Sie an der ausgeschriebenen Position interessiert sind und um eine persönliche Unterredung oder um ein informatives Vorgespräch bitten.

Wichtig ist auch der Hinweis, dass Sie sich in ungekündigter Stellung befinden und um vertrauliche Behandlung Ihrer Unterlagen bitten. Anknüpfen könnten Sie im Text auch an Kenntnisse über die Firma, die Sie aus Presseveröffentlichungen, Bilanzen etc. haben. Erläutern Sie nie, warum Sie wechseln wollen; das gehört in das Gespräch.

Sie fragen, ob es angebracht ist, sich als Führungskraft nur über einen Headhunter zu bewerben? Wir denken, Headhunter sind zwar eine erwägenswerte Möglichkeit, aber eine gute Führungskraft kann sich auch ohne Headhunter aus eigenem Antrieb bewerben!

Bewerbung: Ausbildungsplatz 59

Beispiel-Anschreiben

Bewerbung um einen Ausbildungsplatz als Elektromaschinenbauer

Sehr geehrter Herr Dr. Rost,

bei der gestrigen Informationsveranstaltung in Ihrem Unternehmen wurde mir mitgeteilt, dass in Ihrem Hause zum Herbst noch Ausbildungsplätze zu besetzen sind. Daher bewerbe ich mich um eine derartige Ausbildungsstelle und sende Ihnen meine Unterlagen zu.

Zur Zeit besuche ich die Realschule hier in Waldenburg. Im Juli des kommenden Jahres werde ich sie mit dem Realschulabschluss verlassen.

Bei meiner Berufswahl interessieren mich besonders handwerkliche Berufe im elektrotechnischen Bereich. Seit einigen Jahren bastele ich in meiner Freizeit sehr viele Modellfahrzeuge, die elektrisch angetrieben werden.

In unserem Jugendfreizeitheim habe ich zudem an zwei Elektronik-Projekten teilgenommen. Dabei haben wir unter Anleitung eine Lichtorgel für unseren Discoraum und eine elektrische Wasserpumpe gebaut und installiert. Dadurch bin ich mit dem Umgang vieler Handwerkszeuge und einigen elektronischen Grundbegriffen recht gut vertraut.

Im Berufsinformationszentrum und in Gesprächen mit Freunden und Bekannten habe ich mich umfassend über den Beruf informiert, den ich anstrebe und bin fest überzeugt, dass mir diese Arbeit sehr viel Freude machen würde.

Geben Sie mir die Gelegenheit zu einem Vorstellungsgespräch?

Mit freundlichen Grüßen

Michael Bauer

Anlagen
Lebenslauf
Passfoto
Kopien der letzten Zeugnisse

Bewerbung um einen Ausbildungsplatz zur Kauffrau im Groß- und Außenhandel

Sehr geehrte Damen und Herren,

bei der Berufsberatung Bremen habe ich erfahren, dass Sie Auszubildende für den Beruf der Groß- und Außenhandelskauffrau einstellen. Da ich genau diese Ausbildung anstrebe, sende ich Ihnen meine Bewerbungsunterlagen.

Zur Zeit besuche ich das Herrmann-Böse-Gymnasium in Bremen. Im Juli nächsten Jahres werde ich die Schule mit dem Abitur beenden. Wie Sie meinen Zeugnissen entnehmen können, habe ich in Englisch und Französisch sehr gute Noten erzielt.

Auch Ferienaufenthalte in Frankreich und Großbritannien habe ich genutzt, um meine Sprachkenntnisse zu ergänzen und zu vertiefen.

Durch vier Kurse an der Volkshochschule Bremen habe ich mir Kenntnisse im Umgang mit dem PC und der Software MS Office erworben.

Mein besonderes Interesse gilt dem Außenhandel sowie dem großen Gebiet des Marketing und der Werbung. Bei zwei Ferienjobs in Bremer Ex- und Importfirmen habe ich erste praktische Erfahrungen auf diesen Gebieten sammeln können.

Eine Ausbildung in einem so großen und bekannten Betrieb wie dem Ihren würde mich sehr interessieren und mir Spaß machen.

Werden Sie mir die Gelegenheit geben, mich Ihnen persönlich vorzustellen?

Mit freundlichem Gruß

Regine Scherf

Anlagen
Lebenslauf
Passbild
Kopien der drei letzten Zeugnisse
Kopien der EDV-Zertifikate

Bewerbung um einen Praktikumsplatz

Sehr geehrte Damen und Herren,

zur Zeit absolviere ich nach meinem Diplom-Examen an der Universität Siegen im vergangenen Wintersemester (Diplom-Ingenieur, Abschlussnote: Sehr gut), an der Wirtschafts- und Sozialakademie in Bremen eine berufliche Zusatzqualifikation zur

»Fachkraft für den technischen Umweltschutz«.

Im Rahmen dieser Qualifikation ist ein dreimonatiges Praktikum in einem Unternehmen eigener Wahl vorgesehen.

Da mir Ihr Haus aus sehr interessanten Funk- und Fernsehberichten als ein Unternehmen bekannt ist, das sich in entschiedener Weise für alle technischen Umweltbelange auf innovative Weise einsetzt, frage ich Sie, ob ich in der Zeit vom

1. April 2000 bis zum 30. Juni 2000

als Praktikant bei Ihnen arbeiten kann.

Wie Sie aus meinen beigefügten Unterlagen erkennen werden, habe ich mich sowohl während des Studiums als auch in meiner außeruniversitären Freizeit mit Themen beschäftigt, von denen ich mir verspreche, sie während eines Praktikums auch nutzbringend für Ihr Haus einsetzen zu können.

Darf ich weitere Einzelheiten in einem informativen Vorabgespräch mit Ihnen klären?

Mit freundlichen Grüßen

Otmar Rehhagel

Anlagen
Lebenslauf und Lichtbild
Kopie des Diplom-Zeugnisses
Bestätigung der Teilnahme an der Qualifikation
»Technischer Umweltschutz«
Liste eigener Veröffentlichungen

Bewerbung um einen Praktikumsplatz (Internship) im englischsprachigen Ausland (modifiziert nach: Start Magazin, 2/98)

Dear Mrs. Smith,

Having finished four years of study in Business administration at the Technical University of Bremen, Germany, I wish to supplement through an Internship at your company.

I learned of your company through Mr. Manfred Lucas, Professor of Communications at the Technical University of Bremen.

Since my major professional interest is marketing, I would prefer to work in that particular field. In order to fulfill the requirements for my degree, the internship should last three or four months, beginning next spring (February — May).

I will not receive any grants or other financial support from the university. Therefore, any compensation for my work at your company and assistance in finding inexpensive accomodation would help cover my basic living expenses.

In addition to my business studies, I have taken courses in English. My knowledge of English will be adequate for working in your company.

I will be sponsored by the Internship USA program of the Council on International Educational Exchange based in New York. Through this program I will be provided with a J-1 cultural visa, which entitles me to work legally in the U.S. and fulfill my internship requirements there.

For your convenience, I am enclosing an international response coupon. Thank you for your consideration. I am looking forward to your reply.

Sincerely,

Markus Beier

Enclosure:
Resume
Response coupon

Bewerbung als Rechtanwältin für Arbeitsrecht (modifiziert nach: Dr. H. Nüthen, Hochschulteam Uni Bielefeld)

Sehr geehrter Herr Westernhagen,

die Belastung der Einzelanwälte nimmt in den letzten Jahren stetig zu: Gerade dieses Phänomen trifft auch auf die Kündigungsschutzverfahren im Arbeitsrecht zu, da aufgrund der wirtschaftlichen Rezession das Arbeitsplatzangebot sehr gering geworden ist; folglich ist auch jeder Arbeitnehmer bestrebt, an seinem Arbeitsplatz festzuhalten.

Ich biete Ihnen an, Sie in Ihrer Sozietät bei der Bewältigung der zunehmenden Zahl an arbeitsrechtlichen Verfahren zu unterstützen.

Mein Leistungsprofil beschreibe ich wie folgt:
— Absolvierung des 1. Teillehrgangs für den Fachanwalt im Arbeitsrecht. Diese Kenntnisse will ich in die Praxis umsetzen.
— Wahlfach mit Scheinen während des Studiums: Arbeitsrecht und Bestandsschutz.
— Hausarbeit im 1. Staatsexamen zu Themen der Arbeitszeitregelung
— Berufspraxis als freie Mitarbeiterin in einer Einzelkanzlei und durch zwei Anwaltsstationen während des Referendariats.
— Besuch des Anwaltskompaktkurses am Institut für Rechtsgestaltung an der Universität Bielefeld, Inhalt war auch Organisation einer Anwaltskanzlei.
— Fachseminar zum Computerrecht und verstärkte Konzentration auf dieses Rechtsgebiet.

Ich bin als Anwältin zugelassen, meine Tätigkeit kann auch in freier Mitarbeit erfolgen und auf eine halbe Stelle begrenzt sein.

Ich freue mich auf einen Kontakt aufgrund dieser Bewerbung und verbleibe

mit freundlichen Grüßen

Brigitte Boehme

Anlagen

Initiativbewerbung um eine Position im Controlling

Sehr geehrter Herr Weber,

wenn es in einem innovativen Unternehmen wie Ihrem um Produkte und Technologien von übermorgen geht, treten oftmals Probleme auf.

Diese reichen von der
- Projektauswahl mit der Abschätzung von Realisierungschancen und -risiken über
- eine effiziente marktorientierte Zielformulierung, um ein Overengineering zu vermeiden, bis hin
- zu einer rechtzeitigen, vorsorglichen Abbruchentscheidung für erfolglose Projekte.

Zur Unterstützung bei der Bearbeitung und Lösung genau dieser Probleme biete ich Ihnen meine engagierte Mitarbeit an.

Meine Kernkompetenzen beschreibe ich wie folgt:
- Erfolgreiches abgeschlossenes Physikstudium auf solider naturwissenschaftlicher Basis
- Praktische Forschungserfahrung an Hochschule und in Industrie
- Fundierte Kenntnisse des betrieblichen Rechnungswesens und der Controlling-Instrumente
- Wertvolle Auslandserfahrung in Südkorea.

Ich möchte meine Fähigkeiten und Kenntnisse gerne in Ihrem Hause beweisen und sende Ihnen daher mein Angebot.

In einem persönlichen Gespräch überzeuge ich Sie gerne von meinen fachlichen und persönlichen Kompetenzen.

Mit freundlichen Grüßen

Konrad Bartels

Anlagen
Leistungsprofil
Lebenslauf

Beziehungsbewerbung um eine Position im Bereich Logistik

Sehr geehrter Herr Dr. Basler,

nach einem Telefongespräch mit Herrn Specht, Abteilungsleiter Logistik in Ihrem Hause, sende ich Ihnen meine Bewerbungsunterlagen zu.

Ihr Haus, die Abel Frazer Nobel AG, ist wegen ihres weltweiten Tätigkeitsfeldes und der großen Produktvielfalt sehr angesehen und stellt sich für mich unter dem Gesichtspunkt meines bisherigen beruflichen Lebensweges als ein interessantes Unternehmen dar, in dem ich gerne mitarbeiten möchte.

Meinen bisherigen beruflichen Werdegang stelle ich wie folgt dar:
— Seit vier Jahren in Portugal tätig,
— Assistentin des Leiters Logistik bei Airresearch Garret,
— Einkauf der Vorprodukte, Produktionsplanung, Bestandskontrolle, 500 Produkte,
— Organisation von technischer Aus- und Weiterbildung im Bereich Logistik.

Ich bin es gewohnt, analytisch zu arbeiten und meine Entscheidungen betriebswirtschaftlich abzusichern.

Aufgrund meiner Sprachkenntnisse und speziell auch meiner Auslandserfahrung sehe ich mich zudem in der Lage, in einem internationalen Umfeld zu arbeiten und dabei länderspezifische Arbeitsbedingungen und Kulturunterschiede zu berücksichtigen.

Sind Sie an einer flexiblen und hochmotivierten Mitarbeiterin interessiert, so stehe ich Ihnen sehr gerne und jederzeit zu einem persönlichen Gespräch zur Verfügung.

Mit freundlichem Gruß

Anja Weiß

Anlagen

Initiativbewerbung um eine Position im Bereich Marketing
(Der übliche Schlusssatz wird hier einleitend benutzt!)

Sehr geehrte Damen und Herren,

über eine Einladung zu einem informativen Vorabgespräch würde ich mich sehr freuen, denn

als international ausgebildeter Betriebswirt mit beweisbaren Marketing-Erfolgen bei zwei führenden Markenartikelherstellern bin ich überzeugt, dass ich meine Fähigkeiten, Kenntnisse und Erfahrungen optimal auch in Ihrem Hause einsetzen kann.

Ich bin zur Zeit Product Manager International bei XYZ in Hamburg und habe in den letzten drei Jahren das marktführende Produkt ABC betreut und zudem ein weiteres international erfolgreiches Konzept für das Produkt BCA entwickelt und eingeführt.

Davor war ich im Product Management eines norddeutschen Kaffee-Konzerns tätig, wo ich die Einführung der Kaffee-Marke YX-Light unterstützt habe.

Studiert habe ich in Mannheim und Bristol, England.

Meine fachlichen und methodischen Kompetenzen sind:
— Durchsetzung erfolgreicher und profitabler Konzepte,
— Ausbau des nationalen und internationalen Umsatzes,
— Arbeit in konsequenter Marktnähe,
— Positionierung der Produkte im In- und Ausland.

Vielen Dank dafür, dass Sie meinem Brief Aufmerksamkeit schenkten.

Mit freundlichen Grüßen

Brian Jones

Anlagen
Lebenslauf
Foto
Zeugnisse

Bewerbung um Aufnahme in das Führungskräfte-Nachwuchsprogramm

Sehr geehrter Herr Steimer,

die Anzeige Ihres internationalen Medienkonzerns ist mir aufgefallen und hat mich in besonderem Maße angesprochen.

Ihr Haus bietet sehr interessante berufliche Perspektiven, und ich traue mir zu, eine erfolgreiche Jungunternehmerin im Bereich Medien zu sein. Daher bewerbe ich mich um Aufnahme in das Top-Nachwuchsprogramm.

Meine Qualifikation:
— naturwissenschaftliches Studium,
— Promotion (Ph.D.), Penn State University,
— erste Berufserfahrung im In- und Ausland,
— analytisches Denken,
— ergebnisorientiertes Arbeiten.

Bedingt durch praktische Erfahrungen während meiner Studienzeit in den USA, stelle ich mir vor, mein Wissen auf den Gebieten Ernährung, Medien und Gesundheitswesen erfolgreich für Sie einsetzen zu können.

Ich freue mich darauf, von Ihnen zu hören und in einem persönlichen Gespräch weitere Details zu meiner Person und meiner Qualifikation zu erörtern.

Mit freundlichem Gruß

Petra Landmann

Anlagen
Zeugnisse
Lichtbild
Lebenslauf
Leistungsprofil

Initiativbewerbung um eine Position als Diplom-Ingenieur für den Bereich Wasser/Abwasser

Sehr geehrte Damen und Herren,

die Fragen des Umweltschutzes sind für Sie als großes internationales Unternehmen des Automobilbaus tagtäglich Bestandteil Ihrer Arbeit.

Für Aufgaben in diesem Bereich biete ich Ihnen meine Mitarbeit an, da ich durch meine langjährige Tätigkeit in einem Ingenieur-Büro auf den Gebieten Wasserwirtschaft und Verfahrenstechnik Kenntnisse und Erfahrungen gewonnen habe, die ich nutzbringend auch für Ihr Unternehmen einbringen kann.

Meine Kompetenzen:
— Verfahrenstechnik Abwasser (industrielles und kommunales Abwasser, Sickerwasser, Brauchwasseraufbereitung),
— Siedlungswasserwirtschaft (Regen- und Schmutzwasserkanäle, Pumpwerke),
— Wasserwirtschaft (Vorfluter, Rückhaltebecken, Regenwassernutzung und -versickerung),
— Hydrologie (Kanalnetzberechnung),
— Hoch- und Tiefbau (Betriebsgebäude, Pumpwerke, Becken),
— Deponiebau,
— Straßenbau (Erschließungsstraßen).

Als Projektingenieur bin ich zudem erfahren in Akquisition, Qualitätssicherung und Projekt-/Fachverantwortung.

Wenn meine Leistungen Ihr Interesse finden, möchte ich gerne in einem persönlichen Gespräch die Möglichkeit eines Einsatzes in Ihrem Hause klären.

Mit freundlichem Gruß

Thomas Meister

Anlagen

Initiativbewerbung einer jungen Frau um eine Position in der Textilbranche

Sehr geehrte Damen und Herren,

nach 9 Jahren selbständiger unternehmerischer Tätigkeit im eigenen DOB-Geschäft suche ich nun nach einem neuen Tätigkeitsfeld.

Ich will mich mit meinem in der Textilbranche erworbenen Know-how einer neuen Herausforderung stellen.

Mein Ziel ist eine Position in der Verkaufsleitung im Modevertrieb. Ich möchte mich dort engagieren, wo ich, zum Beispiel als Assistentin im Bereich der Vertriebsleitung, Trends erfolgreich umsetzen kann.

In Ihrem Unternehmen möchte ich dort dabei sein, wo Mode gemacht wird, und nicht nur darauf warten, was sich am Ende leicht verkaufen lässt.

Fantasie und den Mut, auch unkonventionelle Wege zu gehen, bringe ich dabei mit.

Der Wunsch, in einem Unternehmen zu arbeiten, das mit Qualität und gutem Design außerordentlichen Erfolg hat, führt mich zu Ihnen.

Ihrer Antwort auf mein Schreiben sehe ich mit Spannung entgegen!

Mit freundlichen Grüßen

Kristin Alberts

Anlagen
Lebenslauf
Foto
Zeugnisse
Darstellung des eigenen Modehauses

Bewerbungsanschreiben eines technischen Angestellten

Sehr geehrte Damen und Herren,

als technischer Angestellter in Ihrem Labor für Transporttechnik zu arbeiten ist für mich eine attraktive Herausforderung.

Wenn meine einschlägigen Erfahrungen, die ich nachfolgend schildere, dem Anforderungsprofil der angebotenen Position entsprechen, was ich ganz sicher annehme, dann bitte ich Sie um ein persönliches Gespräch.

Meine Kompetenzen sind

- Abgeschlossenes Studium zum Diplom-Ingenieur der Fachrichtung Elektrotechnik an der Technischen Hochschule Karlsruhe, Abschlussnote: Sehr gut.
- Fünfjährige Berufserfahrung in verschiedenen Labors der Hochschule:
  — Unterstützung des wissenschaftlichen Personals in Lehre und Forschung,
  — Anleitung und Betreuung von Studenten der Abschlusssemester,
  — Konzeption, Konstruktion, Aufbau, Wartung und Sicherstellung der Betriebsfähigkeit von komplexen Funktionsmodellen aus dem Bereich technischer Logistik,
  — Konzipierung, Programmierung und praktische Erprobung von Steuerungsprogrammen für die Versuchsaufbauten und Funktionsmodelle,
  — Einsatz von CAD-, Simulations-, Steuerungs-, Verwaltungs- und Planungssoftware für logistische Aufgabenstellungen,
  — fachtechnische Einleitung von Beschaffungen, Organisationen und Verwaltung im Labor.

Ich freue mich auf eine zusagende Antwort und verbleibe

mit freundlichen Grüßen

Horst Franke

Anlagen

Bewerbung um eine Position als Außendienstmitarbeiterin

Sehr geehrte Damen und Herren,

ich kenne weitestgehend die Produktpalette Ihres Hauses und deren Positionierung in den entsprechenden Marktsegmenten, da Sie als marktführendes Unternehmen sehr erfolgreich auch vom Wettbewerb beachtete Trends setzen.

Ich bin mir zudem sicher, dass Ihre Bedeutung als bekannter Markenartikler nicht zuletzt aus dem außerordentlichen Engagement Ihrer Mitarbeiter und Mitarbeiterinnen resultiert.

Aus diesen Beweggründen biete ich Ihnen meine Mitarbeit an.

Ich fasse meine Qualifikation und Erfahrung wie folgt zusammen:
— erfolgreiche Neu-Einführung der Produkte A, B und C,
— überdurchschnittliche Verkaufserfolge im Gebiet Nielsen II,
— Einsatz für eine optimale Warenpräsentation,
— Sorge für die vollständige Repräsentanz des aktuellen Sortiments,
— regelmäßige verkaufsorientierte Kundenbetreuung.

Ich besitze:
— die Fähigkeit, planvoll und zielstrebig zu arbeiten,
— Verhandlungsgeschick mit gutem Abschlusserfolg,
— alle erforderlichen Marketing-Mix-Kenntnisse,
— die aktuellen EDV-Kenntnisse.

Ich bin, so darf ich sagen, ein erfolgreicher Verkäufer!

Weitere Einzelheiten bespreche ich jederzeit gerne mit Ihnen in Ihrem Unternehmen.

Mit freundlichem Gruß

Regine Schmidt

Anlagen

Bewerbung einer Fremdsprachenkorrespondentin

Sehr geehrter Herr Störmer,

weil meine beweisbaren Fähigkeiten und Kenntnisse exakt den in der oben erwähnten Stellenanzeige geforderten Kenntnissen entsprechen, bewerbe ich mich in Ihrem Unternehmen.

Ihr Anforderungsprofil	Mein Leistungsprofil
Sekretariats- bzw. kaufmännische Ausbildung	Examen als geprüfte Sekretärin an der Wirtschafts- und Sozialakademie, Bremen
Sicherheit in der deutschen Sprache	Deutschnote im Abitur: Sehr gut; formulierungssicher
Sehr gute Englisch- und Spanischkenntnisse	Erfolgreiche Prüfung als Fremdsprachenkorrespondentin in Englisch und Spanisch
Beherrschung der gängigen Office-Software	Praxiserfahrung mit dem gesamten MS Office-Paket
Kommunikationsgewandt	Freundliches Auftreten Verhandlungssicher Argumentationsfest
Selbständiges Arbeiten	Wie in meinen beigefügten Zeugnissen belegt

Mein frühestmöglicher Eintrittstermin ist der 15. April 1999.

Wenn Sie mein Leistungsprofil überzeugt hat, treffe ich mich gern mit Ihnen zu einem Informations- oder Vorstellungsgespräch.

Mit freundlichen Grüßen

Marion Bayer

Anlagen

Ein, wir nennen es, Parallel-Anschreiben zum Stellenangebot, in dem es ja immer heißt »Wir sind ein junges Unternehmen, das ...«, »Wir suchen einen Mitarbeiter, der ...« oder »Wir bieten (meist ein so genanntes leistungsgerechtes Gehalt) ...«

Sehr geehrte Damen und Herren,

beim Lesen der »Rheinischen Post« am Wochenende sah ich Ihr auffallendes Stellenangebot und beschloss sofort, mich darauf zu bewerben, obwohl ich mich zur Zeit in ungekündigter Stellung befinde.

Daher bitte ich Sie auch, meine Bewerbung diskret zu behandeln.

Um Ihnen einen ersten Eindruck von meinen Kompetenzen zu geben, die ich gerne nutzbringend für Ihr Unternehmen einsetzen will, beschreibe ich mich wie folgt:

Ich bin diplomierte Graphik-Designerin, 29 Jahre alt,
mit Abschlussarbeit zum Web-Design mit Auszeichnung an der Hochschule für Künste in Bremen
und nun fünfjähriger Berufspraxis in einer renommierten Düsseldorfer Werbeagentur mit nationalen und internationalen Klienten

Ich suche eine Position auf der Hierarchieebene und mit eben den Aufgaben, wie Sie es in Ihrem Stellenangebot beschreiben!

Ich biete mein ganzes Engagement zusammen mit exzellenten Fachkenntnissen in
Site-Design mit Dynamic HTML,
Dreamweaver 2.0,
VRML & Java-Programmierung,
3D Studio Max und Lightwave 3D.

Habe ich Ihr Interesse geweckt? Dann freue ich mich auf ein Gespräch mit Ihnen!

Mit freundlichen Grüßen

Frauke Hansen

Negative Beispiel-Anschreiben aus der »Hall of Shame«

Bewerbung um eine Position als Diplom-Ingenieur für Software-Entwicklung und -Vertrieb

Sehr geehrte Damen und Herren,

in Ihrem Stellenangebot suchen Sie einen Diplom-Ingenieur für Software-Entwicklung und -Vertrieb von Programmen zur Datenkommunikation unter WINDOWS.

Für diese Stelle bewerbe ich mich bei Ihnen. Ich verfüge über mehrjährige Berufserfahrung in der Entwicklung, Projektierung und dem Vertrieb von Software unter DOS.

Privat beschäftige ich mich intensiv mit der Programmentwicklung unter WINDOWS.

Zur Zeit bin ich bei der Firma Software Team GmbH am Technologiezentrum in Oberhausen beschäftigt. Das Arbeitsverhältnis endet am 31.3.1999 aus betrieblichen Gründen.

Aufgrund meines bisherigen Ausbildungs- und Berufsweges fühle ich mich durch Ihr Stellenangebot angesprochen und halte ein Jahresgehalt von DM 60.000,— für angemessen.

Ich würde mich freuen, wenn Sie mir zur Besprechung weiterer Einzelheiten die Gelegenheit zu einem persönlichen Vorstellungsgespräch geben könnten.

Mit freundlichen Grüßen

Sebastian Hoff

Wir wollen Ihnen auch gerne sagen, warum wir dieses spezielle Anschreiben für wenig erfolgreich und noch weniger überzeugend halten:

- Der erste Satz des Schreibens ist überflüssig, weil nur das beschrieben wird, was die Firma längst weiß; denn sonst hätte sie ja kein Stellenangebot aufgegeben. Hier wird zudem wichtiger Platz im Schreiben vergeudet, der mit detaillierten Angaben zur Person, den Berufserfahrungen und Kompetenzen hätte genutzt werden können.

- Mit keiner Silbe wird in diesem Anschreiben auf ==Fähigkeiten, Fertigkeiten und Kenntnisse== verwiesen, die den Kandidaten für das suchende Unternehmen interessant machen und die von Nutzen sein könnten.

  Wir finden ==keinerlei Abgleich des Leistungsprofils mit dem Anforderungsprofil!==

  Aus diesen Fehlern sollten Sie lernen.

- Gesucht wird ein Mann für WINDOWS. Die Berufspraxis aber zeigt, dass er sich mit dem Fossil DOS beschäftigt und WINDOWS nebenbei privat betreibt. Hält er seine privaten Aktivitäten für wichtiger als seinen beruflichen Alltag und dessen Erfordernisse?

- Er ist zwar noch beschäftigt, aber als was denn? Darüber verliert er kein Wort in seinem Anschreiben!

- Grund für diese Bewerbung scheint nicht das Interesse an einem Arbeitsplatzwechsel zu sein, sondern die Tatsache, dass das Arbeitsverhältnis zum 31.3. beendet wird. Es ist unklug, ohne Not im Anschreiben darauf hinzuweisen.

- Dass der Bewerber ein Gehalt von DM 60.000,– für angemessen hält, ist seine Sache; was die Firma Ihm jedoch anbietet, bleibt abzuwarten. Unklug ist ebenso die Angabe einer glatten Zahl von DM 60.000,–; der Bewerber weiß noch

Achtung bei Gehaltsangaben.

gar nicht, ob die Firma, wenn überhaupt so viel, zwölf, dreizehn oder dreizehneinhalb Monatsgehälter zahlt. Das ergäbe im Schnitt monatlich sehr unterschiedliche Werte: DM 5.000,–, DM 4.600,– oder nur DM 4.400,–.

Die Gehaltsangabe im Anschreiben ist meist ein K.O.-Kriterium, das sollten Sie immer bedenken!

Jeder Leser eines derartigen Anschreibens wird sich ratlos fragen: »Warum soll ich diesen Menschen denn wohl einstellen?« Wüßten Sie es?

Bewerbung als Lektor

Sehr geehrte Frau Sanders,

mit Interesse habe ich Ihr Inserat im Hildesheimer Boten bezüglich der offenen Stelle eines Lektors für die bei Ihnen veröffentlichten Publikationen gelesen.

Wie Sie meinem Lebenslauf entnehmen können, verfüge ich über langjährige Erfahrung auf dem Gebiet des Korrekturlesens und in damit zusammenhängenden Bereichen.

Ich bin überzeugt, dass ich aufgrund dieser Erfahrung und insbesondere auch aufgrund meiner dreijährigen Tätigkeit als Ernährungsberater die erforderlichen Aufgaben in Ihrer Abteilung zur Zufriedenheit aller wahrnehmen könnte.

Ich bin sehr daran interessiert, mich persönlich mit Ihnen über meine Fähigkeiten und beruflichen Ziele zu unterhalten. Ich werde mich in der kommenden Woche im Großraum Frankfurt aufhalten und würde Sie während dieser Zeit gerne aufsuchen. Bis zu diesem Zeitpunkt können Sie mich unter der oben angegebenen Adresse erreichen.

Mit freundlichen Grüßen

Philipp Cramer

Negativbeispiel: Bewerbung als Lektor

Wir haben dieses Bewerbungsanschreiben – es handelt sich um eine Bewerbung als Lektor in einem Verlag für Gesundheitsliteratur – aus mehren Gründen unter die Überschrift »Negative Beispiel-Anschreiben« (»Junk-Ad«, würden die Amerikaner sagen) aufgenommen:

- Die Betreff-Zeile »Bewerbung ...« wurde offensichtlich in der Annahme verfasst, dass der Leser an einer eklatanten Sehschwäche leidet; diese Schriftgröße sprengt das gesamte sonstige Schriftbild.

- Viel wichtiger wäre es stattdessen zu erfahren, welche Fähigkeiten und Kenntnisse dieser Bewerber mitbringt! Außerdem weiß er offensichtlich gar nicht, wofür er sich bewirbt, denn er scheint den Lektorenberuf mit dem eines bloßen Korrekturlesers zu verwechseln!

- Die vage Andeutung: »... und in damit zusammenhängenden Bereichen« lässt uns rätseln, was denn die mit dem Korrekturlesen zusammenhängenden Bereiche sein mögen. Haben Sie eine Vorstellung?

- Der erste Satz ist sehr ungeschickt formuliert und lässt somit stark an der Qualifikation dieses Bewerbers als Lektor zweifeln: »... habe ich Ihr Inserat ... bezüglich der offenen Stelle eines Lektors ... gelesen.« Wie sieht wohl die offene Stelle eines Lektors aus? Wir haben zwar eine rege Fantasie, aber hier versagt sie.

  Anforderungs- und Leistungsprofil klaffen weit auseinander.

- »Wie Sie meinem Lebenslauf entnehmen können ...« ist nichts anderes als eine unhöfliche Aufforderung nach dem Motto: »Wenn Sie etwas über mich wissen wollen, dann gucken Sie doch gefälligst mal in den Lebenslauf!« Das halten wir nicht nur für unhöflich, sondern auch für sehr ungeschickt! Denn was Bewerber können, gehört sichtbar in das Anschreiben!

- Was seine dreijährige Tätigkeit als Ernährungsberater mit den diffizilen Lektoratsaufgaben zu tun hat, bleibt dunkel und auf ewig Geheimnis dieses Bewerbers. Vermutlich glaubt er, sich so für den Verlag interessant zu machen.

- An seiner Qualifikation, Sprache präzise zu verwenden, zweifeln wir auch bei einem Satz wie: »In der kommenden Woche halte ich mich im Großraum Frankfurt auf.« Vielleicht ist es von uns ein wenig beckmesserisch interpretiert, aber wie kann sich jemand als einzelner Mensch in einem Großraum aufhalten?

  Natürlich wissen wir, was er damit aussagen will, davon können Sie ausgehen; aber die Formulierung ist unserer Ansicht nach schwammig und soll vielleicht sogar ein wenig Eindruck schinden?

- Der »Klopfer« ist der letzte Satz: »Bis zu diesem Zeitpunkt können Sie mich unter der oben angegebenen Adresse erreichen.« Einerseits gibt man ja seine Adresse an, um erreichbar zu sein; dann braucht man die Erreichbarkeit nicht zu erwähnen.

  Zum anderen drängt sich natürlich die Frage auf, ob der Kandidat im Anschluss nicht mehr unter dieser Adresse zu erreichen ist? Oder soll der Satz: »Bis zu diesem ...« heißen: »Ich erwarte Ihren Anruf und eine Einladung zu einem Vorstellungsgespräch«? Dann könnte man es auch deutlicher formulieren!

Microsoft sollte sich eher um seine Software als um Bewerbungsschreiben kümmern.

Wir haben dieses Anschreiben auch deshalb einmal so auseinandergenommen, weil wir Sie vor der allzu unreflektierten Übernahme von millionenfach verbreiteten Mustersätzen warnen wollen – denn dieses Muster eines Bewerbungsanschreibens finden Sie als Vorschlag in MS Word 97 unter Winword\Briefe\Bewerbung!

Der situativ verfasste Lebenslauf

Form und Inhalt

Lebensläufe, darin sollten wir uns vorab einig sein, müssen **situativ** und **adressatenbezogen** geschrieben werden. Ein vor Jahren aufgesetzter Standard-Lebenslauf, immer wieder kopiert und verschickt, wird mit Sicherheit wenig Erfolg bringen, weil keine Bewerbungssituation der anderen gleicht.

Was alles situativ in einem Lebenslauf stehen kann, aber nicht muss, soll Ihnen eine Aufzählung verdeutlichen. Je nach Stellenangebot, auf das Sie sich bewerben, muss der Lebenslauf modifiziert werden! Was im einen Fall von Vorteil sein kann, muss nicht unbedingt auch im anderen Fall von Nutzen sein. Betrachten Sie einmal das folgende Beispiel:

Bewerben Sie sich nie mit einem Standard-Lebenslauf, den Sie immer wieder neu kopieren!

Bei einer Bewerbung im sozialen Bereich von Krankenpflege oder Altenbetreuung kann es durchaus wichtig sein zu zeigen, mit wie vielen Geschwistern Sie in welcher Art Elternhaus groß geworden sind, während bei einer Bewerbung um einen Job im weiten Feld des Multimedia-Designs und der Informations- und Kommunikationstechniken die Anzahl der Geschwister, mit denen Sie groß geworden sind, eine untergeordnete, um nicht zu sagen keine Rolle mehr spielt.

Inhaltlich müssen Sie Ihren Lebenslauf aus dem folgenden Menü füllen, aber gezielt nur diejenigen Angaben auswählen, die für die Position unabdingbar wichtig und nützlich sind.

In den Regeln der Rhetorik heißt: je nach Situation rede ich anders, andere Worte, andere Sätze, andere Fach- oder Gruppensprache. So muss es auch im Bewerbungsanschreiben sein; denn keine Firma ist wie die andere, es gibt junge und alte, moderne und konservativ alte, lebendige und »Zombie-Firmen«, in denen sich nie etwas ändern wird.

Hier haben Sie ein reichhaltiges Menü von Angaben, die Sie situativ in Ihren Lebenslauf aufnehmen können.

♜ Persönliche Daten

♜	Familienname	Keinesfalls vergessen!
♜	Vorname	Nennen Sie unbesorgt alle Vornamen, wenn Sie es für angebracht halten; markieren Sie bitte den Rufnamen durch Unterstreichen oder fettes Hervorheben in der Schrift.
♜	Geburtsname	Diese Nennung bietet sich an bei verheirateten, geschiedenen, verwitweten oder auch getrennt lebenden Frauen, wenn Sie es für notwendig erachten.
♜	Geburtsdatum	Nennung mit Tag, Monat und Jahr, also z. B. 23. Januar 1979.
♜	Geburtsort	Stadt (falls erforderlich auch mit Postleitzahl), Bundesland, europäischer oder außereuropäischer Staat.
♜	Anschrift	Angabe von Straße, Hausnummer, Postleitzahl.
♜	Telefon	Vorwahl und Teilnehmernummer.
♜	Handy	Diese Angabe, so empfehlen wir, machen Sie bitte nur, wenn Sie pausenlos unterwegs sind und keinen Anrufbeantworter zu Hause haben. Lediglich zu zeigen, dass Sie auch ein Funktelefon besitzen, ist überflüssig.
♜	Telefax	Hat Ihr Fax eine vom normalen Telefonanschluss abweichende Nummer, dann machen Sie die Angabe

hier. Ansonsten können Sie das Fax natürlich oben bei der Telefonnummer angeben.

♜ E-Mail-Adresse

Bei bestimmten Berufen im Multimedia-Business oder den Informations- und Kommunikationstechniken ist die Angabe einer eigenen E-Mail-Adresse mittlerweile Standard.

♜ Homepage

Hier gilt gleichermaßen das oben Gesagte.

♜ Familienstand

Ob Sie hier nur diejenigen Angaben machen, die auf der Lohnsteuerkarte üblich sind, oder ganz offen den Familienstand angeben, bleibt Ihnen und Ihrem taktischen Geschick überlassen; Angaben wie »zusammenlebend«, »langjährig befreundet« oder »getrennt lebend« sind heute keine Seltenheit mehr.

Kinder und Familienstand beeinflussen leider oft die Chancen.

♜ Kinder

Die Zahl der Kinder oder überhaupt die Angabe eines Kindes, kann manchmal auch heute noch ein Ausschlusskriterium für Einstellung oder Ablehnung sein, so bedauerlich wir das finden! Geben Sie dennoch Kinder und deren Alter an; sind es noch sehr junge Kinder, können Sie gegebenenfalls vermerken: »Versorgung der Kinder gewährleistet«, um allen Vermutungen, dass Sie im Krankheitsfall eines Kindes ausfallen würden, die Spitze abzubrechen.

	♜ Eltern	Nur wenn Sie noch sehr jung sind und sich um einen Ausbildungsplatz bewerben, sollten Sie diese Angabe machen.
	♜ Geschwister	Die Anzahl der Brüder und Schwestern kann bei bestimmten Berufen, im sozialen Bereich zum Beispiel, opportun sein.
	♜ Konfession	In bestimmten Tendenzberufen – in der Kirche, dem Krankenhaus, konfessionellen Tagungsstätten etc. – ist diese Angabe verbindlich. Sie geht auch aus der Lohnsteuerkarte hervor. Für einen geschickten Gabelstaplerfahrer ist diese Angabe wohl überflüssig.
	♜ Staatsangehörigkeit	In den meisten Fällen ist das eine unproblematische, jederzeit machbare Angabe.
Vorsicht bei unerbetenen Angaben zum Gesundheitszustand.	♜ Gesundheitszustand	Diese Angabe wird nur dort zu machen sein, wo Sie auch gefragt und angebracht ist. Sie werden sich bestimmt nicht als Feuerwehrmann oder Mittelstürmer einer Profimannschaft bewerben, wenn Sie einen Meniskusschaden haben.
	♜ Örtliche Bindung	Dies kann eine wichtige Angabe sein, wenn der Arbeitgeber Sie nicht dort, wohin Sie sich beworben haben, einsetzen kann, sondern beispielsweise in einem dreißig Kilometer entfern-

Angaben zur Schulbildung **83**

ten Zweigwerk. Wir empfehlen in jedem Lebenslauf zunächst einmal den Zusatz »örtlich ungebunden«, um nicht von vornherein aus dem Rennen zu fallen.

♜ Schule und Studium

Geben Sie an, wo, wie lange und mit welchem höchsten Abschluss Sie die Schule besucht haben; aber bitte nicht die gesamte »Karriere« von der 1. Klasse Grundschule bis zum Abitur, sondern nur: Abitur am Ökumenischen Gymnasium Bremen-Oberneuland, Abschlussnote: 1,2.

Bei der Angabe von Hochschule und Universität gehen Sie ebenso vor: wie lange, welcher Abschluss, Abschlussnote, evtl. Thema der Diplom- oder Abschlussarbeit, erworbener akademischer Grad.

Leider wird immer noch auf die »richtige« Schule und Universität geachtet.

♜ Sonstige Schulen

Gemeint sein können:
Höhere Fachschule,
Fachoberschule,
Fachhochschule,
Berufsfachschule,
Berufsschule,
Berufsaufbauschule,
Fachschule,
2. oder 3. Bildungsweg.

♜ Wehrdienst

Truppenteil, Dienststelle,
von ... bis ...,
zuletzt eingesetzt als ...,
ausgeübte Tätigkeit ...

- Wehrersatzdienst
  Institution,
  von ... bis ...,
  als ...

- Berufsausbildung/ Berufserfahrung
  Ausbildungsberuf, Firma,
  von ... bis ...,
  Abschlussprüfung vor einer Industrie- und/oder Handelskammer in ...,
  Abschlussnote.

Berufspraxis ist das A und O einer jeglichen Bewerbung.

- Berufspraxis
  Das ist der Kernpunkt einer guten Bewerbung! Geben Sie alles möglichst »werbewirksam« an:
  von ... bis ...,
  in Firma ...,
  als ...,
  Schwerpunkte der Tätigkeit: ...
  Position zur Zeit: ...

- Berufsfortbildung
  Alle Kurse, beruflichen Zusatzqualifikationen, Seminare, die eng mit dem angestrebten Berufsfeld verbunden sind, gehören hierher. Aber bitte keine Bildungsurlaube zum Thema: »Segeln bei Starkwind auf dem Dümmer See« oder »Hügelbeetbau in Worpswede«, wenn Sie sich als Vertriebsbeauftragte für DV-Hardware in einem stark umkämpften Markt bewerben!

- Fähigkeiten, Fertigkeiten, Kenntnisse
  Hier haben Sie die Chance, alles, aber auch wirklich alles, zu nennen, was Sie im Laufe Ihres bisherigen Berufslebens an fachlichen und sozialen

Zusätzliche Angaben 85

	Kompetenzen erworben haben; praktisch eine Kurzform der »Dritten Seite«.	
♜ DV-Kenntnisse	Ohne Datenverarbeitungskenntnisse werden Sie heute keinen »Blumentopf« mehr gewinnen können, wie es so schön heißt; das soll aber nicht heißen, dass Sie hier stolz darlegen, wie sicher Sie sich auf der DOS-Ebene eines alten 486er PC auskennen. Da sollten Sie schon mindestens Ihre Fähigkeiten im MS Office 97-Paket nennen können, wenn nicht gar Ihre Kenntnisse und Beherrschung aktueller technischer Software.	**Ohne EDV-Kenntnisse verringern sich Ihre Chancen heutzutage rapide.**
♜ Referenzen	Nur angeben, wenn Sie kein gesondertes Referenzblatt angelegt haben und wenn es unbedingt erforderlich oder gefragt ist.	
♜ Gehaltsvorstellungen	Bitte nur dann angeben, wenn es gefordert ist; und wenn, dann geben Sie eine Marge an.	
♜ Eintrittstermin	Abhängig von Ihrer individuellen Kündigungsfrist, der Möglichkeit, das Vertragsverhältnis eher zu lösen, oder den gesetzlichen Kündigungsfristen.	
♜ Ort, Datum	Linksbündig setzen, z.B.: Lilienthal, 31. März 1999	
♜ Unterschrift	Bitte eine lesbare Unterschrift mit Vor- und Zunamen!	

Machen Sie vorher ein paar »Unterschrifts-Versuche« auf einem separaten Blatt; dann erst die Originalunterschrift. So ist Ihre Schrift ein wenig »eingeschriebener«. Vermeiden Sie auf jeden Fall übergroße Unterschriften, denn das macht einen überheblichen Eindruck.

Bedenken Sie: Die Unterschrift ist das einzig Handschriftliche in Ihrer Bewerbung, und sie sollte nicht zu falschen Schlussfolgerungen führen!

Die DOs und DON'Ts

Es gilt immer noch die alte Regel für das Abfassen und den Inhalt: So viel wie nötig, so wenig wie möglich!

Die Regel für eine gute Bewerbung lautet noch immer: So viel wie nötig, so wenig wie möglich!

»So viel wie nötig« soll heißen, dass Sie je nach Adressat mal mehr und mal weniger an speziellen Inhalten angeben; was nämlich bei der Bewerbung um die eine Position sehr wichtig und entscheidend sein kann, kann für die Bewerbung um eine andere ähnliche Position höchst überflüssig sein!

> Verabschieden Sie sich bitte von dem Standard-Lebenslauf, den Sie – einmal für immer und ewig geschrieben – ohne Modifikation in jedwede Bewerbung hineinlegen!

»So wenig wie möglich« soll in diesem Fall nicht etwa heißen, dass Sie Stationen Ihres Lebens einfach weglassen, nein, Sie sollen schon alles erwähnen, aber bitte kurz, knapp und präzise, ohne Umschweife und langatmige Beschreibungen von Nebensächlichkeiten!

- Nach wie vor hört man die Empfehlung: »Schreibe nie einen Lebenslauf, der länger als eine Seite ist!« Meist sagen das nicht etwa die Personalleute, sondern in einer Art vorauslaufender Selbstbeschränkung die Bewerber selbst!

Wir wissen zwar nicht, woher diese unsinnige Regel stammt; aber wir empfehlen Ihnen, sich davon zu lösen! Wenn Ihr Leben und Berufsleben ereignis- und erfahrungsreich war, dann schreiben Sie das ohne Bedenken auf zwei Seiten nieder!

Achten Sie jedoch bitte auf eine gleichgewichtige Verteilung des Inhalts auf die zwei Seiten. Es macht schon rein optisch keinen guten Eindruck, wenn auf der zweiten Seite nur ein einzelner Satz steht!

Ein Lebenslauf kann auch länger als eine Seite sein!

- Der Lebenslauf sollte auf einem Papier (DIN A4) der gleichen Stärke wie das Deckblatt, das Anschreiben und die Kopien der sonst noch beigefügten Unterlagen geschrieben sein. Wir empfehlen Ihnen ein Wasserzeichen-Papier der Stärke $100 g/m^2$.

- Vermeiden Sie jede Art von »Weltanschauungspapier«; es gibt mittlerweile umweltschonend hergestelltes Papier in reinem Weiß.

- Durch linksbündige Unterschrift (Vor- und Zuname) und Angabe von Ort und Datum zeigen Sie dem Leser, dass Sie diesen Lebenslauf einzig und allein für ihn und diese Bewerbung geschrieben haben. Diese Regel sollten Sie unbedingt beherzigen!

- Im Lebenslauf findet sich keine Anrede des Adressaten und auch keine Grußformel oder gar eine Schlussformel.

- **Außer Ihrer Unterschrift gibt es nichts Handschriftliches im Lebenslauf!** Einen handschriftlichen Lebenslauf verfassen Sie nur, wenn es ausdrücklich gefordert ist! Es sollen die Fakten Ihres Lebenslaufes interpretiert werden und überzeugen, aber nicht psychologisierend aus Ihrer Handschrift herausgelesen werden, ob Sie für den Job geeignet sind oder nicht.

- Oft werden Sie im Stellenangebot, auf das Sie sich bewerben, den Wunsch nach einem »lückenlosen Lebenslauf« finden. Sie sollten nichts verschweigen, was Sie spätestens im Vorstellungsgespräch bekennen müssen, also:
  - Gefängnisstrafen;
  - schwere Krankheiten, die Sie auch heute noch an der Ausführung des angestrebten Berufes hindern, sowie lange Rekonvaleszenzzeiten;
  - Behinderungen aufgrund eines Unfalls, die eine besondere Ausstattung des Arbeitsplatzes erforderlich machen.

Wichtiger als ein lückenloser Lebenslauf ist das, was Sie beruflich können.

Der Wunsch nach genereller Lückenlosigkeit eines Lebenslaufes kann jedoch nur einer merkwürdigen Überwachungsmentalität entsprechen, glauben wir! Wichtig sollte eigentlich sein, dass Sie den Job zum Nutzen des Unternehmens ausfüllen können, und nicht die Tatsache,

- dass Sie nach dem Abitur erst mal eine sechswöchige Europareise mit dem Rucksack gemacht haben;

- oder dass Sie nach dem Verlust Ihres alten Arbeitsplatzes fünf Wochen nach einem neuen Arbeitsplatz suchen mussten. (Sollten Sie allen Ernstes schreiben: »Fünf Wochen arbeitslos und auf Arbeitssuche«? Wir meinen: Nein!)

- oder dass Sie bei dem Wechsel von einem zum anderen Job siebzehn Tage freie Zeit hatten, um erst einmal »Luft zu holen«, bevor Sie den neuen Job antraten. Umgehen Sie dieses Problem, indem Sie die Zeitangaben in Ihrem Lebenslauf auf Monate reduzieren!
  Also nicht mehr z.B.:
  - Schulzeit: 31. März 1980 bis 31. August 1988, sondern:
  - Schulzeit: 03/1980 bis 08/1988.

Ein kleiner Exkurs zu diesem Thema soll zum Nachdenken anregen. Lassen Sie einmal die folgende Tatsache auf sich wirken:

Wir leben heute am Ende des elektronischen Zeitalters mitten im Informations- und Kommunikationszeitalter zu Beginn des Wissenszeitalters! Oder, um es ein wenig anders, jedoch genauer zu formulieren: Wir arbeiten immer noch in Strukturen von gestern, mit Menschen von heute, an Problemen von morgen; vorwiegend mit Menschen, welche die Strukturen von gestern gebaut haben und das Morgen innerhalb der Organisationen nicht mehr erleben werden!

Wir leben heute im Wissenszeitalter!

Somit brauchen wir uns nicht zu wundern, wenn die Maxime der Personalauswahl immer noch lautet: Wir stellen niemanden ein, dessen Lebenslauf von der Geburt in der Kinderklinik an über die Schul- und Berufsausbildung bis heute auch nur den Hauch einer Lücke aufweist!

Unser Appell an Personalleute, die, wie wir wissen, unsere Bücher gern lesen, lautet deshalb als Antwort auf obige Statements nach wie vor: Favorisieren Sie Kandidaten solcherart, die beispielsweise an der Universität Bremen ein Informatik-Studium beginnen, dieses jedoch nach vier Semestern wegen des abstrakten hohen Mathematik-Anteils frustriert abbrechen, danach in der Lüneburger Heide einer Umweltinitiative beitreten, um altes Militärübungsgelände zu renaturieren und zwei Jahre später eine eigene Software-Firma für die Optimierung von Segelyacht-Rümpfen gründen.

Ein Zick-Zack-Lebenslauf ist keine Schande.

Solche Leute brauchen wir heute, die in eigener Sache Mut und Engagement bewiesen haben, statt solche, die stets gut gekämmt, mit Schlips und Kragen und Aktenkoffer, in dem nach fünf Jahren nur noch Bild-Zeitung, Regenschirm und Thermoskanne liegen, jahrein jahraus dem gleichen Job nachgehen! Die Maxime der Personalauswahl sollte daher lauten: Stellen Sie nur noch Leute ein, deren Lebensläufe Lücken, Pannen, Ecken und Kanten aufweisen! Nur mit solchen Menschen werden Sie heute erfolgreich wirtschaftlich überleben!

Beispiel-Lebensläufe

Man sollte eigentlich meinen, dass sich im Laufe der letzten vierzig oder fünfzig Jahre bei der Darstellung des eigenen Lebens mittels Lebenslauf viel verändert hätte – aber das Gegenteil ist der Fall. Es hat den Anschein, als gäbe es mittlerweile nur noch den tabellarischen Lebenslauf! Auch der ausführliche Lebenslauf scheint sich bis auf einige wenige Situationen (z. B. Bewerbung im öffentlichen Dienst) verflüchtigt zu haben.

Im Wissen um diese Situation müßten Sie, lieber Leser, geradezu darauf brennen, einen anderen ungewöhnlichen Lebenslauf zu schreiben! Werden Sie den Mut haben, aus unserer Auswahl möglicher Lebensläufe einen ungewöhnlichen auszuwählen und abzuschicken?

Beherzigen Sie die 4A-Regel!

> Bitte bedenken Sie: Wenn man auffallen will – angenehm natürlich –, sollte man sich an die Regel 4A halten, soll heißen, **a**nders **a**ls **a**ndere **a**uftreten!

Wir werden jetzt mit Ihnen die Palette möglicher Lebensläufe durchgehen und Ihnen auch Beispiele für jedes Muster geben.

Der ausführliche Lebenslauf

Dieser Lebenslauf, der nur noch selten verlangt wird und schwierig zu verfassen ist, beschreibt das Leben in Aufsatzform vom Tage der Geburt an bis heute. Er wird gemeinhin in der folgenden Reihenfolge gegliedert:

- Name und Wohnort,
- Geburtstag und -ort,
- evtl. Namen der Eltern,
- Schulzeit,
- Berufsausbildung,

- beruflicher Werdegang,
- besondere Fähigkeiten und Kenntnisse,
- Sprachkenntnisse,
- Familienstand.

Sehen wir uns ein handschriftliches Beispiel an:

> Mein Name ist Ursula Fetters; ich wohne in Frankfurt/Main in der Hamburger Str. 49. Am 10. September 1972 wurde ich in Frankfurt/Main geboren. Ich besuchte die Grundschule in Frankfurt – Bockenheim vom August 1979 bis zum August 1983. Mein damaliger Lehrer empfahl meinen Eltern, mich 1983 auf die Realschule wechseln zu lassen. Mit der Prüfung der Mittleren Reife schloss ich dort meine Schulzeit im August 1989 ab.
>
> Danach besuchte ich die Wirtschaftsschule in Frankfurt-Hoechst, habe die Schulzeit jedoch 1990 abgebrochen, da mir eine Berufstätigkeit lieber war als ein weiterer Schulbesuch ohne eigenes Geld.
>
> Am 1. Juli 1990 trat ich als Auszubildende in die Firma Lacke-Farben-Goffmann in Frankfurt – Niederad ein. Mein Ausbildungsziel war: Bürogehilfin.
>
> Während dieser Ausbildung, in der ich rundum alle Bürotätigkeiten erlernen konnte, lernte ich auch den Umgang mit aller Soft- und Hardware, die im Büro heute benutzt wird. Zusätzlich besuchte ich an der Volkshochschule Frankfurt/Main Abendkurse in Stenografie und Schreibmaschineschreiben. Vor der IHK Frankfurt bestand ich im Februar 1992 die Prüfung zur Bürogehilfin mit »sehr gut«.
>
> Gleich anschließend, am 1. März 1992, trat ich eine Stelle als Bürogehilfin bei der amerikanischen Firma Honeywell Bull in Frankfurt – Niedereschbach an. Da ich dort jedoch keinerlei berufliches Weiterkommen mehr sehe, suche ich heute intensiv nach einer Position, in der mir Chancen auf berufliche Entwicklung zur Allein-Sekretärin geboten werden.
>
> Ich bin unverheiratet und lebe in einer eigenen Wohnung.
>
> Frankfurt, 31. Januar 1999
>
> Ursula Fetters

Auch in Reimform lässt sich ein Lebenslauf schreiben, wenn auch selten für die Bewerbung, sondern meist für das literarische Lexikon. Wir möchten Ihnen, quasi zur Erholung und zur kurzen Erbauung zeigen, wie Wilhelm Busch einmal sein Leben in Reimen präsentierte:

> Mein Lebenslauf ist bald erzählt. –
> In stiller Ewigkeit verloren
> Schlief ich, und nichts hat mir gefehlt,
> Bis dass ich sichtbar ward geboren.
>
> Was aber nun? Auf schwachen Krücken,
> Ein leichtes Bündel auf dem Rücken,
> Bin ich getrost dahingeholpert,
> Bin über manchen Stein gestolpert,
>
> Mitunter grad, mitunter krumm,
> Und schließlich musst ich mich verschnaufen.
> Bedenklich rieb ich meine Glatze
> Und sah mich in der Gegend um.
>
> O weh! Ich war im Kreis gelaufen,
> Stand wiederum am alten Platze,
> Und vor mir dehnt sich lang und breit,
> Wie ehedem, die Ewigkeit.

Der tabellarische Lebenslauf ist zwar schön, gut und erwünscht, aber total überholt!

Doch zurück zur Realität des Jahres 2000! Als weitere Form, seinen Lebensweg darzustellen, sehen wir uns den so genannten tabellarischen Lebenslauf in einigen möglichen Präsentationsformen an. Mit dieser Form sind Sie immer »auf der sicheren Seite«. Wenn ein Lebenslauf verlangt wird und Sie kein Risiko eingehen wollen, dann benutzen Sie diesen Typus.

Wir sind aber im Gegensatz zu fast allen Ratgebern der Meinung, dass Sie mit einem auch noch so vollständig und formvollendeten tabellarischen Lebenslauf nur erwünschten »üblichen Standard liefern«

Der tabellarische Lebenslauf (zweispaltig verfasst)

Die zweispaltige Form des tabellarischen Lebenslaufs hat den Vorteil der besseren Platzausnutzung der Spalten.

Das ist die übliche Normal-Form:

Die linke Spalte zeigt lediglich die Untergliederung in Lebenszeiten und die übergeordneten Bereiche:

- persönliche Daten,
- Schule und Studium,
- Berufsausbildung,
- Berufspraxis (wichtigster und umfangreichster Teil),
- sonstige Fähigkeiten und Kenntnisse.

Die rechte Spalte dagegen erläutert detailliert die Überschriften der linken Spalte.

Lassen Sie uns Beispiele der drei Varianten ansehen, in denen diese Art Lebenslauf geschrieben werden kann:

Variante 1

Persönliche Daten	Wolfgang Altleich Dortmunder Str. 17 80063 München Geboren 3. September 1976 in Altmühl/Niederbayern
Schulbesuch 1982–1986 1986–1990 etc.	Grundschule in Dettingen/Niederbayern Hauptschule in Issbergen/Niederbayern etc.

Ganz gewiss ist diese Form nicht falsch oder ungewöhnlich, aber Sie transportiert einen Standard, der seit über 50 Jahren üblich ist und längst fällig ist, verändert zu werden.

Variante 2
(Jahreszahlen werden in die rechte Spalte gesetzt)

Persönliche Daten	Wolfgang Altleich Dortmunder Str. 17 80063 München Geboren am 3. September 1976 in Altmühl/Niederbayern
Schulbesuch	1982–1986 Grundschule in Dettingen/Niederbayern
	1986–1990 Hauptschule in Issbergen/Niederbayern

Variante 3

Wenn Sie auf eine lückenlose, leicht lesbare Darstellung Wert legen, bei der die Jahreszahlen dominieren sollen, dann lassen Sie die Überschriften der übergeordneten Bereiche (persönliche Daten, Schulbesuch etc.) weg und gestalten den Text in der rechten Spalte entsprechend:

Lebenslauf	Wolfgang Altleich Dortmunder Str. 17 80063 München
3. September 1976	Geboren in Altmühl/Niederbayern
1982–1986	Grundschule in Dettingen/Altmühl
1986–1990	Hauptschule in Issbergen/Altmühl
etc.	etc.

Wegen ihrer Klarheit favorisieren wir Variante 1, für die wir
Ihnen nachfolgenden Musterlebenslauf geben:

Persönliche Daten	Diplom-Kauffrau Christina Petermann
	Mühlendeich 28
	28865 Lilienthal
	geb. 19.05.1964 in Thedinghausen
	verheiratet, keine Kinder
	deutsche Staatsangehörigkeit
	Hobbys: Tennis, Body-Building
Ausbildungsdaten	
1971–1974	Grundschule Thedinghausen
1974–1983	Herrmann-Böse-Gymnasium, Abitur, Note 1,0
1984–1987	Auszubildende Delwes Molkerei,
	Prüfung vor der IHK Stade
1987–1990	Studium der Betriebswirtschaftslehre an der
	Westfälischen Wilhelms-Universität Münster,
	Diplom-Examen, Note 1,6
Berufstätigkeit	
1990–1993	Assistentin des Leiters Marketing,
	Krafft-Jacobs-Suchard, Junior Brand Managerin,
	Produkt Kaffee Night & Day
1993–1995	Stellvertretende Leiterin der Marketing-Abteilung
	Non-Food
1995–1998	Leiterin Marketing Hansaplast, Beiersdorff
1998–heute	Tätigkeit und Verantwortungsbereiche entnehmen
	Sie bitte dem Beiblatt
Sonstige Kenntnisse	perfekte Englisch- und Französisch-Kenntnisse
	MS Office
Frühester Eintritt	31. März 2000
Gehaltswunsch	150.000–160.000 DM/Jahr plus entsprechende
	Sonderleistungen

Lilienthal, 23.09.1999

Christina Pertermann

Der tabellarische Lebenslauf (dreispaltig verfasst)

Dreispaltig sollten Sie nicht unbedingt schreiben!

Auf einem dreispaltig angelegten Lebenslauf haben Sie in der rechten Spalte weniger Platz zum Schreiben, wenn Sie nicht kleinere Schriftgrade als 12 Punkt nehmen. Dadurch wird jedoch der Text schlechter lesbar!

Persönliche Daten		Diplom-Kauffrau
		Christina Petermann
		Mühlendeich 28
		28865 Lilienthal
		19.05.1964 geboren in Thedinghausen
		verheiratet, keine Kinder
Ausbildungsdaten	1971–1974	Grundschule in Thedinghausen
	1974–1983	Herrmann-Böse Gymnasium, Abitur, Note 1,0
	1984–1987	Auszubildende Delwes Molkerei, Prüfung IHK Stade
	1987–1990	Studium der BWL, Westf. Wilhelms-Universität Mstr., Diplom-Examen, Note 1,6
Berufstätigkeit	1990–1993	Assistentin des Leiters Marketing, Krafft-Jacobs-Suchard
		Junior Brand Managerin, Produkt Kaffee Night & Day
	1993–1995	Stellvertretende Leiterin der Marketing-Abteilung Non-Food
	1995–1998	Leiterin Marketing Hansaplast Beiersdorff
	1998– heute	Tätigkeit und Verantwortungsbereiche entnehmen Sie bitte dem Beiblatt
Sonstige Kenntnisse		Perfekt Englisch und Französisch, MS Office Paket
Frühester Eintritt	31. März 2000	
Gehaltswunsch		150.000–160.000 DM/Jahr plus entsprechende Sonderleistungen

Lilienthal, 23.09.1999

Christina Petermann

Kombinierter Lebenslauf

Ausführlicher und tabellarischer Lebenslauf können auch kombiniert werden!

Persönliche Daten	Peter Honsel
	Am Gartenkamp 25
	44807 Bochum
	12. Juni 1971 Geburtstag in Bochum
	verheiratet, keine Kinder

Ausbildungsdaten
1977—1981   Grundschule Bochum-Riemke
1981—1990   Altsprachlich-Humanistisches Gymnasium
Mein Abitur legte ich im April 1990 mit der Gesamtnote 1,3 ab.

7/1990—9/1991
Während dieser Zeit leistete ich meinen Wehrdienst als 1. Personalverwalter und Kraftfahrer beim 1. Hubschraubertransportgeschwader 64 in Großenkneten.

10/1991—4/1997   Studium der Betriebswirtschaftslehre und Psychologie an der
                     Wilhelmsuniversität in Bonn.
                     Abschluss. Diplom-Kaufmann, Note 1,8
Schwerpunkte meines Studiums waren die Gebiete Personal- und Organisationsentwicklung. Das Thema meiner Diplomarbeit, die mit »Sehr gut« bewertet wurde, lautete: »Die Arbeitssituationsanalyse als Vorstufe eines Qualitätsmanagements«.

Berufstätigkeit
1992   Praktikum Personalabteilung, Stahlwerke Bochum
1993   Praktikum Vertriebsabteilung, IBM Bremen
ab 1997
Freiberuflich arbeitender Dozent und Buchautor auf dem Gebiet des CBT (Computer based Training) und der Telekommunikation. Die Schwerpunkte und Kernkompetenzen dieser Tätigkeit entnehmen Sie bitte dem Beiblatt.

Sonstige Kenntnisse	Alle gängige Soft- und Hardware
	Webdesign und Internet
	LAN/WAN-Erfahrung
Frühester Eintritt	1. Mai 2000
Gehaltswunsch	210.000 DM, plus entsprechende Sonderleistungen

Bochum, 13. Januar 2000

Peter Honsel

EDV- bzw. Flow-chart-Lebenslauf

Wichtige Gedanken: Bitte vergegenwärtigen Sie sich einmal mit uns folgenden Gedankengang: »Deutschland muss die Chancen des Informationszeitalters ergreifen.« Diese Forderung aus der berühmten »Berliner Rede« von Bundespräsident Roman Herzog war der Ausgangspunkt für eine groß angelegte, gemeinsame Initiative führender deutscher Unternehmen der Informations- und Kommunikationsindustrie.

Die unter dem Namen »Fit fürs Informationszeitalter« bekannt gewordene Initiative startete im Sommer 1998 unter der Schirmherrschaft von Roman Herzog. Ihr Ziel ist es, durch eine Vielzahl konkreter Projekte, Maßnahmen und Veranstaltungen Wirtschaft und Gesellschaft in Deutschland den Sprung in das Informationszeitalter zu erleichtern.

Im Rahmen dieser Initiative führen die beteiligten Unternehmen Maßnahmen durch, die insbesondere Jugendlichen, Lehrern, Existenzgründern und älteren Menschen den Zugang zu der neuen Technik erleichtern und einer breiten Öffentlichkeit die Chancen erläutern sollen, die durch die Nutzung der neuen Technologien entstehen.

»Fit fürs Informationszeitalter« wird unterstützt von Bertelsmann, debis, Deutsche Telekom, EDS, Hewlett-Packard, IBM Deutschland, Intershop Communications, o.tel.o, SAP, Siemens und Star Division.

> Und wir schreiben immer noch einen tabellarischen Lebenslauf wie vor fünfzig Jahren, fragen wir Sie allen Ernstes? Das kann und darf doch eigentlich nicht wahr sein! Schreiben doch Sie einmal einen Lebenslauf, der anders ist als andere; nur damit fallen Sie auf! Schreiben Sie etwas Unverbrauchtes, Neues, In-die-Zeit-Passendes.

Wie machen Sie denn eigentlich auf sich aufmerksam? Doch nicht, indem Sie das tun, was auch alle anderen tun, nämlich mit der gleichen Schrifttype (meist »Arial«, »Times New Roman« oder »Courier«), mit der gleichen Schriftgröße (meist 12 Punkt), mit dem gleichen Standardaufbau des tabellarischen Lebenslaufes, mit der gleichen langweiligen hochformatigen DIN-A4-Seite das Auge des Betrachters langweilen und ihn zu der Bemerkung reizen: »Noch so ein altbackener tabellarischer Lebenslauf.« Machen Sie es anders:

Man kann es auch anders machen!

- Verdeutlichen Sie Wesentliches!
- Stellen Sie Entwicklungsprozesse dar!
- Erlangen Sie das Interesse und den Wunsch des Lesers, Sie kennenlernen zu wollen!
- Fördern Sie das Einbehalten Ihrer Daten!
- Stellen Sie gleichzeitige Ereignisse im Lebenslauf auch gleichzeitig dar!
- Zeigen Sie Ihren Lebensweg optisch ungewöhnlich, aber »eindrucksvoll«!

Wir schlagen Ihnen daher vor, als moderner Mensch einen modernen Lebenslauf zu verfassen, der Beachtung erzielt und wirklich mit Interesse länger als eine Minute gelesen wird: den so genannten EDV- oder Flow-chart-Lebenslauf, der Ihr Leben im »Mainstream seiner Stationen« vorstellt, nebenbei aber noch zeitgenau Ausbildungen, Entwicklungen und Ereignisse dokumentiert. Er sieht wie folgt aus:

Sie werden sicher auf den ersten Blick sagen. »So was habe ich ja noch nie gesehen! darf man das denn überhaupt?« Nun getrost, es gibt keinerlei Gesetze, Vorschriften, Regeln oder Verordnungen, wie ein Lebenslauf auszusehen hat; es hängt einzig davon ab, wie mutig und anders Sie ihn gestalten wollen und, natürlich auch, wie groß Ihre Bereitschaft ist, anders als alle anderen aufzutreten (4A-Regel).

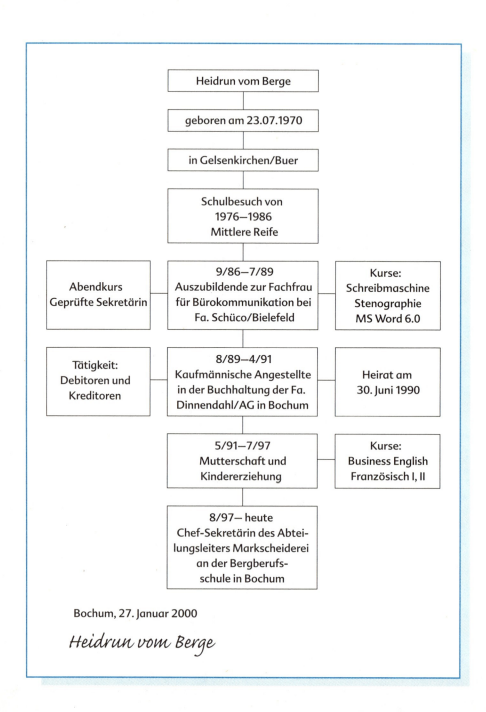

Lebenslauf in amerikanischer Form

Unserer Ansicht nach ist der Lebenslauf in amerikanischer Form die effizienteste Variante eines Lebenslaufes, denn er ist deutlich und überzeugend!

Die meisten Bewerber schildern Ihren Lebens- und Berufsweg vom Tag der Geburt an bis heute; sie schildern ausführlich, wann sie geboren wurden, welche Schulen sie besuchten, welche Ausbildung in welcher Firma sie genossen hatten und so weiter und so weiter.

All das ist man gezwungen zu lesen, um dann zum Schluss endlich zu dem Punkt zu kommen, der beschreibt, welche Position sie heute bekleiden und welche Aufgaben sie heute erfüllen! Und das wird wiederum meist wesentlich zu kurz beschrieben! Häufig sieht das in einem tabellarischen Lebenslauf ungefähr so aus:

Wenn wir schon ein »globales Dorf« sind, warum dann nicht auch ein Lebenslauf, der an vielen Stellen dieses »Dorfes« üblich ist?

1986 – heute   Kaufmännischer Angestellter bei
                 Fa. Brinkama, Hamburg

Und damit endet die Information! Stellen Sie sich doch einmal vor, welche Chancen, sich mit dem in vierzehn Jahren erworbenen Können zu präsentieren, hier verspielt werden! Eine solche Pauschalbeschreibung signalisiert dem Leser, geradezu überheblich: »Was ich in den vierzehn Jahren gemacht habe, kannst Du Dir von mir aus selber ausrechnen!« In Zukunft sollten Sie das vermeiden!

In den Vereinigten Staaten ist es seit Zeiten üblich, den der Bewerbung beigefügten Lebenslauf mit der Beschreibung der Position, die man heute bekleidet, zu beginnen; »Position at time« heißt dort der Aufmacher. Warum sollten wir nicht auch diese Gewohnheit übernehmen, die sich als wirksam erwiesen hat, wo wir doch sonst schon so vieles aus dem Wirtschaftsleben von den USA übernehmen.

»Meine Position zur Zeit« ist die wichtigste Aussage; deswegen gehört sie ganz nach oben auf das Blatt.

Der Vorteil, einen Lebenslauf mit dem Aufmacher »Meine Position zur Zeit« zu eröffnen, liegt darin, dass Sie auf Anhieb beweisen können, dass Ihr gegenwärtiges Leistungsprofil genau dem gewünschten Anforderungsprofil einer zu besetzenden Stelle entspricht! Da muss man nicht lange lesen und rätseln, sondern hier wird es auf den ersten Blick offenkundig!

Den USA-Lebenslauf, der »Top-down«, der also rückwärts laufend geschrieben wird, stellen wir Ihnen hier beispielhaft in drei Varianten vor:

- als ausführlichen Lebenslauf,
- als tabellarischen Lebenslauf und
- als EDV-Lebenslauf.

Amerikanischer Lebenslauf in ausführlicher Form

Meine Position zur Zeit

Seit dem **31. März 1999** bin ich kaufmännischer Geschäftsführer, zuständig für die Bereiche Personal, Datenverarbeitung, Organisations- und Personalentwicklung bei dem Hamburger Softwarehaus »Rabbitsoft«.

Ich habe eine Budgetverantwortung von 478 Mio. DM und bin Vorgesetzter von 52 Mitarbeitern und Mitarbeiterinnen.

Meine speziellen Berufserfahrungen, betreffend
— besondere Kenntnisse und Erfahrungen,
— gelöste Aufgaben mit rechenbarem Profit für das Unternehmen,
— Personalentwicklung und Mitarbeiterführung
habe ich als detailliert beschreibendes Beiblatt diesem Lebenslauf hinzugefügt.

Berufspraxis
1996—1999
In diesem Zeitraum war ich stellvertretender Geschäftsführer des Softwarehauses »BREMSOFT« in Bremen; meine Budgetverantwortung lag bei rund 84 Mio. DM; zu meinen Aufgaben gehörte neben der rein kaufmännischen Arbeit auch etc.

Ausführlicher Lebenslauf **103**

1990—1996
Als Gruppenleiter für die Entwicklung kunden- und bedarfsspezifischer Softwarelösungen bei VOBIS übernahm ich erstmalig Budgetverantwortung in Millionenhöhe, verbunden mit Personalverantwortung.
Meine Hauptaufgaben während dieser Zeit umfassten etc.

1986—1990
Als technischer Angestellter bei der Firma SBÜ in München war ich zuständig für die Kundenspezifische Entwicklung und Installation von LAN/WAN-Lösungen. Meine speziellen Software-Kenntnisse etc.

Wehrdienst
1984 — 1986
Meinen Wehrdienst leistete ich bei dem Flugabwehr-Raketen-Regiment in Jever/Ostfriesland; während dieser Zeit habe ich folgende Ausbildungen erfolgreich abgeschlossen: etc.

Ausbildung
1982—1984
Als Auszubildender für technische Instandhaltung habe ich in der Firma Volt & Ohm in Bremen gelernt und meine Prüfung mit Erfolg bestanden.

Schulzeit
1963—1982
Im August 1982 habe ich meine Schulzeit mit dem Abitur (Note 1,2) am Schoofmoor-Gymnasium, Lilienthal abgeschlossen; Leistungskurse habe ich in Französisch mit 1,1 und in Englisch mit 1,4 beendet.

Persönliche Daten
Geboren bin ich am 28. Februar 1957 in Worpswede, bin verheiratet etc.

Hat es nicht Spaß gemacht, diesen Lebenslauf zu lesen? Auf den ersten Blick sahen wir, wer sich hier vorstellt! Rückwärtsgehend betrachteten wir den gesamten Entwicklungsgang bis hin zur Schulzeit, die schon lange zurückliegt, und daher als letzter Punkt in dem Lebenslauf beschrieben wird. Die persönlichen Angaben am Ende des Lebenslaufes runden dann das Gesamtbild ab.

Amerikanischer Lebenslauf in tabellarischer Form

Position zur Zeit	Kaufmännischer Geschäftsführer (seit 31.3.1999) Fa. »Rabbitsoft«. Bereiche: Personal, DV, PE- und OE Budgetverantwortung: 478 Mio. DM, 52 Mitarbeiter Spezifikation siehe bitte Beiblatt nächste Seite
Berufspraxis 1996—1999	Stellvertretender Geschäftsführer Fa. »BREMSOFT« Budgetverantwortung: 84 Mio. DM Schwerpunkte der Tätigkeit: ...
Berufspraxis 1990—1996	Gruppenleiter, Entwicklung Software, Fa. VOBIS Hauptaufgaben: ...
Berufspraxis 1986—1990	Technischer Angestellter, Entwicklung LAN/WAN Fa. SBÜ, Entwicklung mit Software XYZ,
Wehrdienst 1984—1986	Flugabwehr-Raketen-Regiment in Jever Ausbildungen während dieser Zeit: ...
Ausbildung 1982—1984	Auszubildender für technische Instandhaltung, Fa. Volt & Ohm in Bremen. Abschluss mit Erfolg
Schulzeit 1963—1982	Abitur am Schoofmoor-Gymnasium in Lilienthal am 2. August 1982, Leistungskurs Französisch Note 1,1 und Englisch 1,4
Persönliche Daten	Geboren am 28. Februar 1957 Geburtsort Worpswede verheiratet seit 1985, keine Kinder örtlich ungebunden und mobil

Hamburg, 31. Dezember 1999

Auch hier erkennt der Leser auf den ersten Blick, wer sich mit welchen fachlichen Kompetenzen auf welcher Hierarchiestufe bewirbt! Wenn diese Angaben das Interesse und Wohlwollen finden, liest man auch gerne weiter, um den bisherigen Lebensweg kennenzulernen.

USA-Lebenslauf in EDV-Form

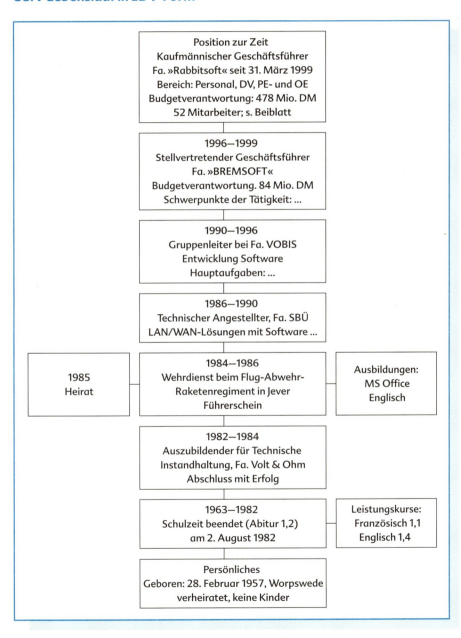

Synchron-optischer Lebenslauf

Wenn Sie einen Lebenslauf schreiben wollen, wie er bisher nicht üblich ist, unserer Ansicht nach aber bestens in die heutige Zeit passt, dann verfassen Sie bitte einen, wie wir ihn nennen, synchron-optischen Lebenslauf.

Im synchron-optischen Lebenslauf werden auf einem querformatigen DIN-A4-Blatt in der Senkrechten links außen die Lebensstationen und waagerecht oben die Jahreszahlen angegeben. Die Lebensstationen und Lebenszeiten werden als Punkte oder Balkendiagramme vermerkt.

Wir sind uns bewusst, dass das zu einer »knibbeligen« EDV-Arbeit werden kann, dass unter Umständen eine sehr kleine Schrifttype verwendet werden muss und das alles nicht jedermanns Sache ist; Sie können die Entwurfsarbeit jedoch auch auf einem größeren Format gestalten, das Sie dann auf A4 »runterkopieren«.

Versuchen Sie es einfach mal! Es gibt Ihrem Leben ein ganz anderes »Erscheinungsbild«, und ein Leser wird, so glauben wir, positiv überrascht sein über diese ungewöhnliche Form einer Lebensdarstellung.

Die Idee zu einem solch ungewöhnlichen Lebenslauf kam uns, als wir Dumont's Chronik der Kunst im 20. Jahrhundert lasen, die Kunststile, Akteure und die Meisterwerke jeweils für ein Jahr auf einer Seite darstellt. Wir dachten uns, warum sollten eigentlich nicht Kandidaten Ihr leben auf ähnliche Art beschreiben können; der Leser könnte dann auf einen Blick erkennen, daß der Kandidat im Jahr 1984 seine Kaufmannsgehilfen-Prüfung abgelegt hat und seinen Wehrdienst begonnen hat, gleichzeitig auch ein Seminar zum Controlling besucht hat.

So sieht ein perfekter synchron-optischer Lebenslauf aus:

	Jahre	1960 61 62 63 64 65 66 67 68 69 70 71 72 73 74 75 76 77 78 79 80 81 82 83 84 85 86 87 88 89 90 91 92 93 94 95 96 97 98 99
Geburtsort:		Bremen
Geburtsdatum: 2.3.1960		*
Schulbesuch:		
Grundschule:		....
Orientierungsstufe:		....
Gymn. Oberstufe:		....
Schulabschluss:		Abitur: H.-Böse-Gymnasium, 8/1979 ....
Ausbildung:		Groß- und Außenhandelskaufmann Prüfung »Sehr Gut« an der HK Bremen ....
Wehrdienst:		JABO-Geschwader 31 in Husum ....
Berufspraxis:		Kaufmännischer Angestellter in Fa. Wilkening, Bremerhaven Gruppenleiter Einkauf, Fa. Grönemeyer, Bederkesa _____ Abteilungsleiter Beschaffung, DaimlerChrysler Aerospace, Varel _____
Weiterbildung:		MS Office und andere Software Controlling Bilanzierung

Sonstige Unterlagen

Die »Dritte Seite« 110

Zeugnisse 117

Das Lichtbild 122

Referenzen 128

Arbeitsproben 132

Die Handschriftprobe 134

Die Liste der Veröffent-
lichungen 140

Berichte aus Presse und Fachliteratur 142

Die »Dritte Seite«

Die so genannte »Dritte Seite« präsentiert, in einer Art Bestätigung dessen, was Sie schon ähnlich, jedoch nur ansatzweise im Anschreiben darstellten, Ihre so genannten Kernkompetenzen oder auch Unique selling proposition – oder auf gut Deutsch: Alles das, was Sie hervorragend beherrschen und auch entsprechend nachweisen können.

Der Begriff »Dritte Seite« hat sich inzwischen durchgesetzt für die Darstellung des eigenen Leistungsprofils.

Jedes Unternehmen, bei dem Sie sich bewerben, wird sich beim Lesen Ihrer Unterlagen fragen:

- Was kann dieser Mensch besonders gut?
- Welchen (finanziellen) Nutzen wird er bringen, wenn er eingestellt wird?
- Welchen Beitrag zum Unternehmensergebnis wird er leisten können?

> Um diese Fragen nicht erst im Vorstellungsgespräch, sondern schon mit Ihrem ersten Auftritt bei einem zukünftigen Arbeitgeber eindrucksvoll zu beantworten, sollten Sie Wert darauf legen, diese »Dritte Seite« selbstsicher und überzeugend zu verfassen.

Hüten Sie sich aber vor einer überzogenen Selbstbeweihräucherung mit aktuellen Schlagworten! Das stößt bei Personalmenschen sehr negativ auf und wird den Erfolg Ihrer Bewerbung sofort in Frage stellen.

Vielleicht legen Sie zu dieser »Dritten Seite« auch ein Organigramm des Unternehmens, bei dem Sie beschäftigt waren, bei, um die von Ihnen bekleidete Funktion im Zusammenhang mit den übergeordneten und unterstellten Funktionen darzustellen. Eventuell bietet es sich an, auch die Stellenbeschreibung beizufügen. Zumindest aber sollten Sie diese für das Vorstellungsgespräch parat haben. Wir haben die »Dritte Seite« nachfolgend untergliedert, wie es allgemein üblich ist, und zwar in Ihre

- fachlichen,
- methodischen und
- sozialen Kompetenzen.

Stellen Sie für jeden Bereich vier oder fünf Beispiele bereit, die Sie gekonnt in Wort und Beleg nachweisen können!

Fachliche Kompetenzen (Theorie durch Ausbildung, Praxis durch Beruf):

- Ausbildung, Schulen, Uni etc.,
- berufliches Erfahrungsspektrum,
- berufliche Kernkompetenzen,
- breitbandige Sachkenntnisse in ...,
- Branchenkenntnisse, national und international,
- Kenntnis in- und ausländischer Märkte,
- fachliche Aus- und Weiterbildung der letzten Zeit,
- Fähigkeiten auf dem neuesten Stand von Technik und Wissenschaft.
- Es empfiehlt sich auch, eine kurze Übersicht der wichtigsten Leistungsbeiträge der letzten Jahre beizulegen oder zu erwähnen, und zwar in bündiger und prägnanter Weise über die Aufgabenschwerpunkte und das Anspruchsprofil der bisherigen Tätigkeiten.

Mit der Darstellung Ihrer Kompetenzen können Sie kräftig punkten.

Methodische Kompetenzen:

- effizientes Time-Management,
- Ihre persönliche Arbeitsorganisation,
- Qualitäts-Management-Maßnahmen,
- umweltfreundliche Unternehmensführung,
- Fähigkeit zur Entscheidungsfindung in komplexen Systemen,

- Organisationserfahrung in Struktur und Ablauf,
- kosten- und kundenorientiertes Arbeiten,
- Deckungsbeitragsrechnung nach Profit-Centern,
- kurz-, mittel- und langfristige Finanzplanung,
- Budgetierung und Controlling,
- Moderation, Präsentation, Visualisierung.

Das ist gar nicht so einfach herauszufinden, was Sie alles können, nicht wahr? Nehmen Sie sich ruhig ein paar Tage Zeit und fragen Sie auch andere Menschen, wie die Sie einschätzen.

Soziale Kompetenzen:
- hohe Selbstmotivation und Zuverlässigkeit,
- zielorientiertes, kooperatives Handeln,
- innovativ und kreativ denkend,
- Kreativität und Konzeptionsstärke,
- situativer Führungsstil und hohe Durchsetzungsfähigkeit,
- Problemlösungs- und Konfliktbearbeitungsfähigkeit,
- Mobilität, national und international,
- hohe interpersonelle Kompetenz,
- gesellschaftliches Engagement,
- Verhandlungssicherheit, auch in Fremdsprachen,
- ausgeprägter Realitätssinn,
- wirtschaftlichkeitsorientierte, unternehmerische Handlungsweise,
- ökologisches Denken,
- ethisches Verantwortungsbewusstsein.

Auf den folgenden Seiten finden Sie einige Beispiele von »Dritten Seiten«, an denen Sie sich orientieren können.

Kein einzelner Mensch beherrscht alles das, was wir hier aufgeführt haben; deswegen verzagen Sie nicht, wenn Sie pro Kompetenzbereich nur drei bis vier Fähigkeiten herausfinden! Es ist allemal besser, ehrlich einige wenige zu nennen, als mit großem Wortgeklingel alle die wirtschaftlichen, ökologischen und sozialen Schlagwörter aufzulisten, die zwar gut klingen, die aber kaum jemand mit Gewinn für ein Unternehmen anwenden kann.

Inhalt und Form der »Dritten Seite« **113**

»Dritte Seite« einer jungen Diplom-Kauffrau

Fachliche Kompetenzen
Abgeschlossenes betriebswirtschaftliches Hochschulstudium
4-jährige Berufserfahrung in Betrieben mittlerer Größe, davon
2-jährige Berufserfahrung im Bereich Logistik/Produktionsplanung

Methodische Kompetenzen
Beschaffungs- und Bestandsplanung
Ressourcenplanung
Planung von Fertigungsaufträgen
Steuerung des innerbetrieblichen Material- und Produktionsflusses
EDV: MS Office alle Programme

Soziale Kompetenzen
Cultural Management: Berücksichtigung kultureller Verschieden-
  artigkeiten
  internationale Mobilität
Arbeitsweise: eigenverantwortlich
  erfolgs- und teamorientiert
  ausgeprägte Leistungsbereitschaft

Hier haben Sie ein Beispiel für das, was wir vorher erwähnten! Drei bis sechs Nennungen pro Kompetenzbereich sind genug und ein verständiger Leser wird sich sein Bild von Ihren Fähigkeiten, Fertigkeiten und Kenntnissen machen können: Diese junge Diplom-Kauffrau hat nach Ihrem Examen vier Jahre Berufserfahrung sammeln können, deren Schwerpunkt im Bereich Logistik/Produktionsplanung lag. Ihre methodischen Kompetenzen spiegeln sich in den erwähnten »Werkzeugen« wieder:
- Beschaffungs- und Bestandsplanung
- Ressourcenplanung
- Planung von Fertigungsaufträgen
- Steuerung des innerbetrieblichen Material- und Produktionsflusses (die wichtigste Stelle im produzierenden Unternehmen)

»Dritte Seite« eines Diplom-Ingenieurs für Physik, als Leistungsprofil ohne Unterteilung in einzelne Kompetenzbereiche

Breit gefächerte naturwissenschaftliche Grundlage

Tief gegliederte Kenntnisse in der Physik und physikalischen Chemie der Polymere

Forschung auf den Gebieten:
— Flüssigkristalline Polymere
— Nichtlinear-optisch aktive Polymere

Betriebswirtschaftliche Kenntnisse mit dem Schwerpunkt Controlling Industrieprojekte mit Philips Research und der XYZ Company (Südkorea)

Konzeption, Koordination und Realisierung von Projekten
Sichere Problemanalyse und kreative Lösungskonzeption
Hintergrundwissen Kommunikationspsychologie und Konfliktmanagement

Erfolgreiche Arbeit im Team
Überzeugende Präsentation auch vor fachfremdem und internationalem Publikum

Interdisziplinäre Kooperation
Fachliche Beratung mit multidisziplinärem Ansatz

Schnelle und effektive Einarbeitung in neue Themengebiete
Ständige Aktualisierung und Erweiterung des Wissens

Internationale Zusammenarbeit
Fernost-Erfahrung (Südkorea)

Englisch sehr gut in Wort und Schrift
Kommunikationssicheres Französisch
Ausbaufähige Grundkenntnisse der koreanischen Schrift und Sprache

Beratung und Anleitung zur IT-Nutzung für Kommunikation und Recherche
Planung und Realisierung von aufgabenorientierten LAN/WAN-Strukturen

Wir wissen, da dieser junge Mann einer unserer Klienten war, dass er an dieser Darstellung dieser Kompetenzen einige Tage »gebastelt« hat, bevor er sie in dieser Form abliefern konnte.

Leistungsprofil mit Unterteilung in Kompetenzbereiche **115**

»Dritte Seite« einer Sekretärin, Übersetzerin

Fachliche Kompetenz
    Eurobetriebswirtin
    Siebenjährige Erfahrung als Fremdsprachensekretärin
    Spanisch und Englisch in Wort und Schrift perfekt
    Korrespondenz- und verhandlungssicher

Methodische Kompetenz
    Kaufmännisches Grundwissen
    Kompetent in Sekretariatsführung
    Windows 95 und Word 97
    Excel 7.0

Soziale Kompetenz
    Flexibel in Aufgaben und Arbeitszeit
    Ortsungebunden
    Hohe Einsatzbereitschaft
    Freundliches Auftreten

»Dritte Seite« eines Betriebsbuchhalters

Fachliche Kompetenz
    Mehrjährige Berufspraxis (Debitoren und Kreditoren)
    Erfahrungen im weltweiten Transport- und Logistikgeschäft
    Sehr gute englische Sprachkenntnisse in Wort und Schrift
    Erfahrung mit allen gängigen Buchhaltungssystemen

Methodische Kompetenz
    Gute persönliche Arbeitsorganisation
    Fähig, Probleme in Teamarbeit zu lösen
    Gute betriebswirtschaftlich-analytische Fähigkeiten
    Gewohnt, selbständig zu arbeiten

Soziale Kompetenz
    Leistungsorientiert
    Teamfähig
    Engagiert

»Dritte Seite« eines Anwendungs-Supporters

Fachliche Kompetenz
- Abgeschlossene Ausbildung zum DV-Kaufmann
- Abgeschlossene Ausbildung zum Organisationsprogrammierer
- Langjährige Erfahrung in Archivierungs- und Warenwirtschafts-Software
- Erfahren im Lösen von kaufmännischen Organisationsaufgaben

Methodische Kompetenz
- Kenntnisse über SQL-Datenbanken
- Organisationsberatung
- Effizientes Problemlösungsverhalten
- Implementierung von Systemen vor Ort

Soziale Kompetenz
- Teamorientiertes Arbeiten gewöhnt
- Kunden- und Betreuungsorientiert
- Sicheres, sympathisches Auftreten

»Dritte Seite« eines Controllers

Fachliche Kompetenz
- Langjährige Erfahrung bei Einführung von Controlling und Berichtswesen in Stadtverwaltungen als Bestandteile einer umfassenden Verwaltungsreform
- Wirtschaftswissenschaftliche Ausbildung
- Informationstechnische Fachkenntnisse

Methodische Kompetenz
- Analytisches Denkvermögen
- Finden und Präsentieren kreativer Problemlösungen
- Hohe DV-Kompetenz bei allen gängigen Konfigurationen

Soziale Kompetenz
- Überzeugend in Team- und Beratungstätigkeit, dennoch verbindlich und tolerant
- Standfestigkeit in der Verhandlung
- Vermittlungsgeschick bei widerstrebenden Gruppen

Zeugnisse

Zu jeder kompletten Bewerbung gehören Zeugnisse, die etwas über Leistung und Verhalten der Arbeitnehmer aussagen. Jeder Arbeitnehmer wird im Berufsleben vom Zeitpunkt der Bewerbung bis zum Ausscheiden aus einem bestehenden Arbeitsverhältnis ständig beobachtet, begutachtet und beurteilt.

> Arbeitszeugnisse werden deswegen in Bewerbungen verlangt, weil aus ihnen – insbesondere aus mehreren aufeinanderfolgenden Arbeitszeugnissen verschiedener Beschäftigungsverhältnisse – wichtige Schlussfolgerungen über Einsatzmöglichkeit, Nutzen und wahrscheinliches Verhalten des zukünftigen Arbeitnehmners gezogen werden, was oftmals für das Zustandekommen eines Arbeitsverhältnisses entscheidend ist.
>
> Arbeitszeugnisse haben sogar eine Schutzfunktion gegenüber künftigen Arbeitgebern, weil sie dem Inhalt der Zeugnisse vertrauen müssen und jemanden aufgrund dessen einstellen werden.

Lassen Sie Ihre Zeugnisse von verständigen Fachleuten prüfen, bevor Sie eine wichtige Bewerbung schreiben.

Falls sich hinterher herausstellt, dass der Inhalt eines Zeugnisses nicht der Wahrheit entsprach, das Zeugnis »geschönt« war und jemand auf diese Weise »weggelobt« wurde, kann das zu einer fristlosen Kündigung und einer Klage auf Schadenersatz führen, falls entstanden.

Im Verlaufe einer ernsthaften und aussichtsreichen Bewerbung wird man von Ihnen begründet verlangen können, alle Zeugnisse vorzulegen; und wenn wir sagen alle, dann meinen wir auch alle! Wir hoffen, dass Sie über alle Ausbildungen und Arbeitsverhältnisse Zeugnisse besitzen und dass diese Sie gut oder sehr gut bewerten!

Arbeitszeugnisse sind vom Arbeitgeber ausgestellte Urkunden über Art und Dauer des Beschäftigungsverhältnisses eines Arbeitnehmers und über die vom Arbeitnehmer dabei gezeigte Leistung und Führung. Sie sind in der Bewerbung hinter das Anschreiben, den Lebenslauf und die so genannte Dritte Seite zu platzieren und so zu ordnen, dass das jeweils neueste zuoberst liegt. Zuunterst liegen folglich Schul- oder Hochschulabschlusszeugnisse.

Achten Sie bitte im Vorfeld unbedingt darauf, dass Ihre Arbeitszeugnisse mindestens in den folgenden vier Inhaltsbereichen für Ihre vollständig beschriebene Tätigkeit die Noten »Gut« oder »Sehr Gut« bei Leistung, Führung und Gesamtbewertung enthalten.

Tätigkeitsbeschreibung

Je besser die Tätigkeit beschrieben ist, umso klarer wird das Bild, das sich ein Leser von Ihnen machen kann.

In Ihren Zeugnissen muss die Beschreibung Ihrer Tätigkeit im Unternehmen vollständig, genau und so ausführlich sein, dass sich ein unbeteiligter, aber fachkundiger Dritter, insbesondere aber ein zukünftiger Arbeitgeber ein zutreffend klares Bild von der Gesamttätigkeit des Arbeitnehmers machen kann; so entschied das Bundesarbeitsgericht AP Nr. 11 zu dem § 630 des Bürgerlichen Gesetzbuches.

Insbesondere ist im qualifizierten Endzeugnis Ihre selbstständige und eigenverantwortlich ausgeübte Tätigkeit – das ist eine Tätigkeit, die nicht generell auf Richtigkeit hin kontrolliert wird – hervorzuheben. Das Gleiche gilt, wenn Ihnen andere Arbeitnehmer disziplinarisch und/oder fachlich unterstellt waren.

Hat sich die von Ihnen ausgeübte Tätigkeit im Laufe des Arbeitsverhältnisses wesentlich geändert (Versetzung, Beförderung etc.), so muss auch das in der Tätigkeitsbeschreibung dargestellt werden.

Leistungsbewertung

Bei der Bewertung sind in jedem Fall drei wesentliche Aspekte der Leistung zu berücksichtigen und anzusprechen:

- die Befähigung des Arbeitnehmers (Kenntnisse, Fähigkeiten, Können),
- die Arbeitsweise des Arbeitnehmers (»Temperament einer Wanderdüne« oder »zügig und effizient«?)
- und (ganz besonders wichtig) die Arbeitserfolge – darauf sollten Sie bei Ihren Zeugnissen unbedingt achten! Was nützt Ihnen das schönste Zeugnis, das Ihnen Freundlichkeit, Pünktlichkeit und Sauberkeit bescheinigt, aber mit keinem Wort Ihre Arbeitserfolge erwähnt?

Führungs- und Verhaltensbewertung

Die Führungs- oder Verhaltensbewertung bezieht sich auf solche, mit der Arbeitsleistung zusammenhängenden Verhaltensweisen, die sich nicht oder nur schwer einzelnen Tätigkeiten zuordnen lassen, wie zum Beispiel:

> Diese Bewertung im Zeugnis ist ausschlagebend für Ihre weiteren Chancen in der Bewerbung.

- Auffassungsgabe,
- Arbeitseifer,
- Verantwortungsbereitschaft,
- Entscheidungsfreude,
- Risikobereitschaft,
- Verhalten im Team,
- Verhalten gegenüber anderen,
- Vertrauenswürdigkeit,
- Ehrlichkeit,
- Offenheit,
- Rhetorische Kompetenz und Performanz.

Die Grenzen zwischen Leistungs- und Führungs-/Verhaltensbewertung sind teilweise fließend, das sollten Sie wissen.

Gesamtbewertung

Zur Zusammenfassung von Leistungsbeurteilung und Führungs-/Verhaltensbeurteilung, die in den gesetzlichen Bestimmungen nicht erwähnt ist, verpflichtet den Arbeitgeber ein Gewohnheitsrecht. Und gerade diese Gesamtbeurteilung ist in Ihrer Kürze besonders aussagekräftig, aber damit auch besonders problematisch.

Das Bedürfnis nach einer Vergleichbarkeit mehrerer Zeugnisse eines Arbeitnehmers im Laufe der Jahre oder des Zeugnisses des einen mit dem Zeugnis eines anderen Arbeitnehmers hat im Laufe der Jahre zu einem Bewertungsschlüssel (dem so genannten »Zeugnis-Code«) geführt, der gewisse Ähnlichkeiten mit dem Bewertungsschlüssel von Schulzeugnissen hat.

Dieser Code hat bis heute überlebt!

Damit Sie die Möglichkeit haben, vor dem Absenden Ihrer Bewerbung Ihre Zeugnisse auf Wertigkeit hin zu überprüfen, geben wir Ihnen nachfolgend eine Dekodierungshilfe für die Schlüsselbegriffe:

- **Sehr gut** So wird die den gestellten Anforderungen in besonderem Maße entsprechende Leistung benotet:
  »... hat die ihm/ihr gestellten Aufgaben *stets (in jeder Hinsicht, immer)* zu meiner/unserer *vollsten* Zufriedenheit erledigt.«
  (»Vollste« ist natürlich physikalischer Unsinn, wird jedoch immer noch verwendet.)

- **Gut** So wird eine den Anforderungen voll entsprechende Leistung beurteilt:
  »... hat die ihm/ihr übertragenen Aufgaben *stets (in jeder Hinsicht, immer)* zu meiner/unserer *vollen* Zufriedenheit erledigt.«

- **Befriedigend** So wird eine den Anforderungen entsprechende (durchschnittliche) Leistung beurteilt:
  »... hat die ihm/ihr übertragenen Aufgaben zu meiner/unserer *vollen* Zufriedenheit erfüllt.«

- **Ausreichend** So wird eine den Anforderungen im Ganzen – trotz gewisser Mängel – entsprechende Leistung beurteilt:
  »... hat die ihm/ihr übertragenen Aufgaben zu meiner/zu unserer *Zufriedenheit* erledigt/erfüllt.«

- **Mangelhaft** So wird eine den Anforderungen nicht entsprechende Leistung, die jedoch Grundlagen erkennen lässt, beurteilt:
  »... hat sich *bemüht*, die ihm/ihr übertragenen Aufgaben zu erledigen.«

- **Ungenügend** So wird eine den Anforderungen nicht entsprechende Leistung, die auch keine Grundlagen erkennen lässt, beurteilt:
  »... hatte *Gelegenheit*, die ihm/ihr übertragenen Aufgaben zu erledigen.« Oder: »... konnte den ihm/ihr übertragenen Aufgaben *nicht gerecht werden*.«

Immer noch wird das Arbeitszeugnis von den meisten Personalchefs als die persönliche »Visitenkarte« des Bewerbers angesehen und gewichtet – rund achtzig Prozent von ihnen, so kann man ohne Übertreibung behaupten, mögen und können nicht darauf verzichten.

Mittlerweile werden jedoch die ersten Stimmen gegen eine derartig hohe Bedeutungsauslegung der Zeugnisse laut. Immer häufiger müssen sich Gerichte mit Zeugnissen und Zeugnisformulierungen beschäftigen, wenn es zwischen Arbeitgeber und Arbeitnehmer zu Unstimmigkeiten in der Interpretation kommt.

Zeugnisse verlieren mittlerweile an Gewicht, da der Inhalt nicht immer den Tatsachen entspricht!

Und mit Recht kann behauptet werden, dass das Thema Arbeitszeugnis ein Minenfeld ist und viele Zeugnisse kaum noch als Empfehlung taugen, weil sie

- nicht der Wahrheit entsprechen;
- nicht klar beurteilen;

- von den Arbeitnehmern selbst entworfen und von einem konfliktscheuen Chef in dieser Form an die Personalabteilung weitergegeben wurden;
- keinerlei kritische, jedoch zutreffende Sachverhalte schildern; denn sobald auch nur ein einziges negatives Urteil gefällt wird, schaltet manch einer sofort den Betriebsrat ein. Das eben wollen viele Vorgesetzte unbedingt vermeiden, so dass sie lieber ein wohlwollendes Zeugnis schreiben.

Das Lichtbild

Lassen Sie ein Foto von sich machen, das auch Ihnen gefällt, und nicht nur irgendein schnell beschaffbares oder x-beliebiges.

Sie senden Ihre Bewerbung, wie Sie wissen und sich immer vergegenwärtigen sollten, um »Werbung für die eigene Person« zu machen. Demnach muss die Bewerbung ein Lichtbild enthalten, das den Betrachter neugierig macht, Sie kennen lernen zu wollen, und das den positiven Eindruck der anderen Unterlagen bestätigt.

Viele Bewerber und Bewerberinnen, die wir fragten, ob sie mit dem Ihrer Bewerbung beigefügten Lichtbild zufrieden seien, antworteten jedoch:

- »Na ja, eigentlich nicht! Aber ich hatte gerade kein anderes zur Verfügung!«,
- »Das Bild spielt doch keine große Rolle!«
- »Die sollen keinen California-Dreamboy einstellen, sondern mich so nehmen, wie ich bin!«

Und so bewerben sie sich dann mit Ohrring, Brillanten im Nasenflügel, das wehende Resthaar zu einem Zöpfchen gebunden und mit dem 68er Andenpullover bekleidet, auf die Stelle eines Controllers bei einer alten hanseatischen Bank! Das wird in den seltensten Fällen gut ausgehen!

Gewiss ist das Beispiel bewusst übertrieben, doch soll diese Übertreibung zeigen, dass auch die Bekleidung und nicht nur das Gesicht auf dem Lichtbild situativ und firmenspezifisch angemessen sein muss.

Auch Sympathie spielt eine Rolle: Das Foto kann ein unbewusster Auslöser für den Wunsch des Personalchefs sein, Sie kennen lernen zu wollen (oder auch nicht).

> Auf keinen Fall sollten Sie einen privaten Schnappschuss beilegen. Die Aufnahme muss von einem professionellen Fotografen stammen. Das Bild muss, genau wie das Anschreiben, eine Botschaft transportieren, die Persönlichkeit muss rüberkommen.

Das Foto muss vom Profi gemacht sein.

Im Einzelnen geben wir Ihnen die folgenden Ratschläge und Hinweise, den ersten Eindruck durch das Lichtbild erfolgreich zu gestalten:

Aussage des Lichtbildes

Selten wohl wird ein Betrachter systematisch Ihr beigelegtes Foto vom Scheitel bis zum Kinn Schritt für Schritt unter die Lupe nehmen, also sukzessive:

- das Haar und die Frisur,
- die Stirn mit ihren mehr oder weniger tiefen Falten,
- die Augen, die den Betrachter offen und nicht verschleiert anblicken (sie sollten gut zu erkennen sein; ein klarer Blick ist gefragt),
- die Brille (von Fielmann oder Gucci?),
- die Nase in ihrer charakteristischen Ausprägung,
- die Ohren,
- die Wangen,
- den Mund,
- den Bart,
- den Hals und seine Haltung etc.

Nein, meist lässt man den Gesamteindruck eines Bildes sprechen und auf sich wirken; und ein guter objektiver Fotograf wird gekonnt Ihre »schöne Seite« ausmachen und mit verschiedenen Schnappschüssen festhalten, aus denen Sie den Ihrer Meinung nach besten auswählen sollten. Das kann kein Automat im Bahnhof oder im Kaufhaus. Vermeiden Sie diese Art der Fotobeschaffung also lieber, auch wenn sie wesentlich preiswerter ist. Ein Profi muss her!

Blicken Sie freundlich und mit einem kleinen Lächeln; das Leben ist zu kurz für ein langes Gesicht!

Der Fotograf sollte und wird auch so lange warten, bis es Ihnen gelingt, Ihrem Gesicht eine optimistische Grundaussage, mit leichtem Lächeln in Richtung Betrachter zu verleihen. Ihr Gesicht auf dem Foto darf niemals von »Weltschmerz« geprägt sein, ganz gleich, wie Ihre Befindlichkeit im Augenblick der Aufnahme auch sein mag. Sie merken schon, das ist keine ganz einfache Prozedur, und mit einem einzigen »Schuss« ist das nicht getan.

> Denken Sie immer daran: Das Foto ist das erste körperliche Bild von Ihnen, das Sie dem Betrachter liefern! Sie bekommen keine zweite Chance, diesen ersten Eindruck zu hinterlassen.

Größe des Lichtbildes

Wir sind uns wohl darin einig, dass das Foto nicht zu klein und auch nicht zu groß sein darf? Folgende Formate stehen zur Auswahl:

- Die übliche Passbildgröße 4 x 5 cm. Wir halten das generell für zu klein, obwohl viele Bewerber dieses Bildformat bevorzugen; die Aussagestärke ist jedoch ungünstig, zumal das Format allein nichts über die Größe des Gesichtes auf dem Foto aussagt.

- 6 x 6 cm oder 7 x 9 cm (ohne Rand) von einem geübten Fotografen im Fachgeschäft. Dies scheint uns generell wesentlich aussagekräftiger zu sein als ein Passbild-Winzling. Wir favorisieren diese Größe.

- 9 x 12 cm oder sogar Postkartengröße ist nur in ganz seltenen Fällen angebracht; dieses Format benutzen höchstens »Stars« für ihre Fan-Postkarten oder Politiker als Wahlgeschenk für ihre Wähler.

Farbe des Lichtbildes

Schwarzweiß oder farbig? Diese Frage können wir nicht beantworten, da über Geschmack nicht zu streiten ist. Wir geben Ihnen aber Folgendes zu bedenken:

Ein von einem Profi gemachtes Schwarzweißfoto, eventuell auch durch kleine Retuschen geschönt, wirkt unaufdringlich, elegant und solide. Beim Farbfoto wiederum besteht oftmals die Gefahr, dass die Farben nicht harmonieren, für den Betrachter mit negativen Gefühlen besetzt oder allgemein zu aufdringlich sind.

Schwarzweiß wirkt das richtige Foto elegant und unaufdringlich.

Holen Sie sich deshalb Rat bei Freunden, Bekannten und Verwandten, nachdem Sie in Farbe und Größe unterschiedliche Fotos haben machen lassen. Oder fragen Sie professionelle Berater um ihre objektive Meinung.

Art und Aufnahmetechnik des Lichtbildes

Auch in dieser Frage sollten Sie sich ganz auf den Adressaten, sein Unternehmen und dessen Erscheinungsbild in der Öffentlichkeit einstellen. An eine Werbe- oder Multimedia-Agentur, die es gewohnt ist, mit modernsten typografischen Elementen und Layouts zu arbeiten, können Sie ein moderneres, unkonventionelles Bild senden als an ein Großunternehmen in der

Stahlindustrie oder eine »ganz normale« Stadtverwaltung. Ihre Optionen sind vielfältig:

- Eine glänzende oder matte Oberfläche des Fotos steht zur Auswahl, wobei wir eine matte Oberfläche für weniger aufdringlich halten.

- Lassen Sie eine Amateur- oder Profiaufnahme machen (was häufig eine Frage des Preises ist)? Ein Amateur, der sein Handwerk versteht und Sie gut kennt, kann ebenso gute Fotos herstellen wie mancher stressgeplagte Profi.

- Mittlerweile haben Polaroidfotos eine hervorragende Qualität – als Vierer-Block aufgenommen und in jedem guten Fotofachgeschäft erhältlich. Versuchen Sie es einmal! Die Preise liegen bei ungefähr DM 25,–.

- Sie können auch ein großes Portraitfoto auf transparente A4-Folie kopieren und auf ein weißes DIN-A4-Blatt als Hintergrund legen. Bei scharfen Kontrasten des Folien-Fotos macht das z. B. für eine Bewerbung im Medien-Business einen guten Eindruck.

- Es gibt auch die Möglichkeit, mit einem guten Scanner Ihr Foto auf jedes einzelne Blatt Ihrer Bewerbung oben rechts (in der Größe von etwa 3 x 3 cm) einzuscannen, sodass Sie dem Leser auf jeder Seite, die er aufschlägt, begegnen!

- Das Alter des Fotos ist eindeutig bestimmt durch die Forderung im Stellenangebot nach einem neuen Foto (manchmal auch »neueren«; wobei uns nicht ganz klar ist, was ein neues von einem neueren Foto unterscheidet – das wissen wohl nur die Verfasser von Stellenangeboten).

Und denken Sie bei allen Überlegungen auch immer daran:

Plötzlich stehen Sie als Bewerber oder Bewerberin in der Tür zum Zimmer des Personalchefs – im Aussehen müssen Sie dann

Das Foto muss Ihrem gegenwärtigen Aussehen entsprechen.

mindestens eine gewisse Ähnlichkeit mit der Person auf dem Foto haben, das vor einigen Wochen geschossen wurde!

Platzierung des Lichtbildes innerhalb der Bewerbung

Vielen ist nicht ganz klar, wo sie das Foto innerhalb der Bewerbung plazieren sollen. Auch hier stehen mehrere Möglichkeiten zur Auswahl. Für eine davon müssen Sie sich entscheiden:

- Auf das Deckblatt der Bewerbung, wenn Sie ein solches angelegt haben, können Sie Ihr Foto im rechten unteren Teil (5 cm vom unteren Rand, 3 cm vom rechten Rand) aufkleben, sodass es dem Leser sofort entgegenblickt. Bitte vergessen Sie nie, das Foto auf der Rückseite zu beschriften (für den Fall, dass es sich löst, muss es der richtigen Bewerbung zugeordnet werden können).

  Platzieren Sie das Foto taktisch klug nicht gleich auf die erste Seite; machen Sie den Leser neugierig auf Sie!

- Auf dem Bewerbungsanschreiben können Sie es natürlich auch fixieren (oben rechts), obwohl dort wegen der Absenderangaben meist wenig Platz vorhanden ist.

- Die meisten Bewerbungen haben das Foto auf dem oberen rechten Teil des Lebenslaufes angebracht. Das ist nicht falsch, es ist Standard und fällt nicht unangenehm auf, sodass Sie damit immer »auf der sicheren Seite« sind.

- Wenn Sie sehr selbstbewusst sind und die Firma, bei der Sie sich bewerben, vermutlich Gefallen daran findet, dann können Sie sogar ein Foto von ungefähr 9 x 9 cm auf einer separaten Seite, mittig etwas nach rechts versetzt, einschicken. Diese separate Seite folgt dem Anschreiben und Lebenslauf, gewissermaßen als Seite 2a.

Sie werden erkannt haben, dass es weitestgehend auf Ihre Einschätzung des Adressaten und Ihren »Mut zum eigenen Bild« ankommt. Lassen Sie ein schönes Bild von sich machen, von Ihrer »schönen« Seite, investieren Sie in das Bild; es lohnt sich!

Und noch etwas zum Trost: Selbst junge Manager und Personalfachleute, die sich zum ersten Mal um Personalbeschaffung und -auswahl kümmern müssen, kennen bewusst oder unbewusst gewisse wesentliche Grundprinzipien, die bei der Personalauswahl und der Einstellung zu berücksichtigen sind.

Sie wissen zum Beispiel, dass man nicht nach dem äußeren Eindruck alleine einstellen kann, darf oder soll! Denn der bestaussehende Strahlemann hat nicht mehr Chancen, ein gutes Produkt zu entwickeln, im Außendienst erfolgreich zu sein oder eine präzise Deckungsbeitragsrechnung einzuführen als jemand, der etwas hausbackener oder »normaler« in Bild und Person auftritt.

Referenzen

Wenn verlangt, genügen zwei oder drei Referenzen.

Eine Referenz (lat. »Bericht, Aussage«) ist eine von einer Vertrauensperson gegebene Auskunft bei Bewerbungen um eine wichtige Position, die man als Empfehlung vorweisen kann. Wäre es nicht auch für den Erfolg Ihrer Bewerbung eine zusätzliche Hilfe, wenn Sie zwei oder drei wichtige Namen nennen, die Ihre Bewerbung »aufmöbeln« könnten? Denn Referenzen können Sie – erbeten oder unerbeten – jederzeit Ihrer Bewerbung zufügen. Ein positives Urteil über Sie und Ihre Fähigkeiten kann natürlich nur jemand geben,

- dem Ihre Kenntnisse und Leistungen bekannt und vertraut sind und
- der auch tatsächlich bereit und in der Lage ist, Sie positiv zu beurteilen.

Falls Sie also demnächst in einem Sie interessierenden Stellenangebot lesen: »Senden Sie Ihre Bewerbung bitte mit drei Referenzen an ...«, sollten Sie unsere Ratschläge im Folgenden genau beachten.

Wer kennt Sie gut genug, um ein solches positives Urteil über Sie abzugeben? Natürlich kennen Sie am besten Ihre Familie und jedes einzelne ihrer Mitglieder, aber Ihre speziellen beruflichen und sozialen Kompetenzen für den Job wird leider jemand anderes beurteilen müssen; selbst als »Youngster« geben Sie in der ersten Bewerbung um einen Arbeitsplatz nicht Ihre Eltern als Referenz an, auch wenn Sie ein noch so gutes Verhältnis zu ihnen haben.

Manch einer, der in den ländlicheren Gegenden der Bundesrepublik wohnt, könnte unter Umständen auf die Idee kommen, eine der lokalen »Respektpersonen« als Referenzgeber zu benennen. Auch das ist nicht der richtige Ansatz, denn mag der evangelische Ortspfarrer noch so aufgeschlossen, der Bürgermeister noch so sehr um bürgernahe Verwaltung bemüht sein und der Vorsitzende der Bezirksliga-Fußballvereins Teutonia Riemke noch so sehr die modernen Trainingsmethoden lieben – als Referenzgeber sind alle drei für Ihren Start ins Business wenig geeignet.

Da denken wir schon eher an Ihre Lehrer in den Oberstufen der Schule und des Gymnasiums, die Fachschul- und Berufsschullehrer, die Sie in den praxisrelevanten Fächern der Berufsausbildung täglich im Unterricht, in Übungen und Projekten erlebt haben; als Starter in das Berufsleben wären diese Personen die richtigen Referenzgeber.

Wählen Sie nur wichtige Referenzgeber.

Falls Sie eine Fachhochschule, Hochschule oder Universität absolviert haben, bietet es sich an, Ihre Dozenten oder Professoren – ganz besonders, wenn diese hohes nationales oder internationales Renommee besitzen – um die Erlaubnis zu bitten, sie als Referenz in der Bewerbung anzugeben. Bitte geben Sie aber als Referenz unbedingt nur solche Personen an, die Sie wirklich gut kennen und in Ihren Leistungen detailliert beurteilen können; das sind Hochschullehrer, bei denen Sie

- Übungen und Projekte (mit Scheinen und Nachweisen) gemacht haben,
- Semester-Arbeiten erstellt haben,
- Diplom- und Abschlussarbeiten geschrieben haben,
- Ihre Dissertation abgeschlossen haben (nennen Sie auch Korreferenten).

Im Normalfall wird für Sie als Arbeitnehmer der beste Referenzgeber Ihr jetziger oder der ehemalige direkte Vorgesetzte sein. Niemals aber jemand aus der obersten Führungsriege, den Sie beiläufig einmal bei einem Meeting trafen und der sich im Falle eines Falles kaum an Sie, geschweige denn an Ihre Leistungen erinnern wird. Beim Vorgesetzten als Referenzgeber ist jedoch einiges zu beachten.

Es kommt immer darauf an, ob Ihnen diese Vorgesetzten wohlgesonnen sind oder nicht. Manche Vorgesetzte werten es geradezu als persönliche Missachtung, wenn Sie sich im Rahmen Ihrer Karriere von Ihnen trennen; sehr direkt werden Sie es schlimmstenfalls an Äußerungen wie: »Jeder ist ersetzbar, Herr Müller«, »Reisende soll man nicht aufhalten, Frau Meier« oder »Die Hunde bellen, und die Karawane zieht weiter, mein lieber Herr Meier« erkennen. Als Referenzgeber kommen diese Führungskräfte nicht in Frage.

Der letzte Vorgesetzte kann wohl die besten Referenzen geben — wenn Sie ein As im Job waren.

Einen wohlgesonnenen Chef, der Ihren Weggang aus dem Unternehmen verständnisvoll betrachtet und der Ihre Leistungen und Verhaltensweisen generell positiv beurteilt, können Sie jederzeit um das Zugeständnis bitten, ihn als Referenzgeber zu benennen.

In jedem Fall sollten Sie mögliche Referenzgeber immer vorher um ihr Einverständnis bitten, bevor Sie sie benennen, damit niemand überrascht ist, unversehens und uninformiert von einem anderen Unternehmen um eine Auskunft über Sie gebeten zu werden.

Oftmals werden auch Urteile über Sie als Bewerber abgegeben und eingeholt, ohne dass Sie vorher überhaupt jemanden als Referenz angegeben haben; das kann für Sie, wenn Sie sich im Unfrieden aus Ihrer bisherigen Firma verabschiedet hatten, negativ auswirken.

Viele Personalverantwortliche kennen sich untereinander recht gut von Tagungen, Verbänden und Vereinigungen, und ein kleiner Anruf der nachfolgenden Art ist viel effizienter als eine schriftlich erbetene Referenzaussage:

»Bei uns hat sich Herr/Frau … beworben; sag mal, die kommt doch aus eurer Abteilung … Was meinst du, wäre er/sie eine Verstärkung für unser Marketing-Team? Kannst du mir diese Person empfehlen? Hatte sie eigentlich Ärger mit euch? Warum geht sie weg?«

Referenzen werden häufig per Anruf eingeholt.

Sie können sich gut vorstellen, dass die Antworten über Erfolg oder Misserfolg Ihrer Bewerbung entscheidender sind als der Inhalt eines noch so guten Zeugnisses.

Natürlich fällt es häufig sehr schwer, einen Unternehmenswechsel, aus welchem Grunde auch immer, ohne Zerwürfnis, Enttäuschung oder Verstimmung durchzuführen. Jedoch könnte ein ausführliches Gespräch unter vier Augen mit Ihrem bisherigen Vorgesetzten über das »Warum und Weshalb« Ihres Weggangs manches klären, Missverständnisse ausräumen, Enttäuschungen abbauen und ein faires Auseinandergehen herbeiführen. Das setzt aber in jedem Falle voraus, dass sich zwei wirklich »erwachsene« Menschen unterhalten!

Im Folgenden zeigen wir Ihnen ein Beispiel dafür, wie ein gutes Referenzblatt aussehen kann; dennoch bleibt die letztendliche Gestaltung Ihnen überlassen. Dies Referenzblatt legen Sie nach Anschreiben, Lebenslauf und »Dritter Seite« als vierte Seite in Ihre Bewerbung.

Bewerbung Max Müller

Referenzen

Referenzgeber für meine Qualifikation im Bereich	ist
Schiffsbetriebstechnik	Dr. Paul Wilken Germanischer Lloyd Vorsetzen 32 Hamburg Tel. 040/47250-30
Schiffsdieselmotoren	Prof. Gerald Schenk Norddeutscher Lloyd Gustav-Deetjen-Alle 12 Bremen Tel. 0421/236348-22
Meßtechnische Untersuchungen an Bord von Seeschiffen	Herr Abteilungsleiter Marius Milzcewski Dröger AG, Lübeck Tel. 0451/2260-31
Planung, Vorbereitung und Bearbeitung von Forschungsaufgaben	ebenfalls Herr Milzcewski oder sein Stellvertreter Herr May

Arbeitsproben

Zeugnisse hin, Zeugnisse her – das Beste, was Sie in einer Bewerbung zeigen können, sind Proben Ihrer Fertigkeiten, Fähigkeiten und Kenntnisse.

Beim Vorstellungsgespräch ist es ja meist eine Kleinigkeit, schnell mal an einen PC zu gehen, um dem neuen Arbeitgeber zu zeigen, wie Sie mit dem Zeichenprogramm »Visio« ein

Durchlaufdiagramm für den Produktionsbereich erstellen können. Diese Möglichkeiten des direkten Beweises haben Sie in der schriftlichen Bewerbung natürlich nicht!

Dennoch können Sie auch hier Beweise Ihres Könnens abliefern, wobei Sie aber sehr genau aufpassen müssen, dass Sie keine schützenswerten Daten oder Betriebsinterna Ihres jetzigen oder der ehemaligen Arbeitgeber verraten! Derartige Proben können sein:

Zeigen Sie direkt, was Sie können.

- eine kurze, präzise Darstellung eines von Ihnen mit Erfolg abgeschlossenen Projektes,
- ein Schaubild oder Organigramm Ihrer jetzigen oder ehemaligen Position, mit Über- und Unterstellung, Budgetverantwortung und Beschreibung erfolgreicher Aktivitäten,
- die Beschreibung einer Verhandlungssituation und dessen, was Sie für die Firma dabei »rausgeholt« haben,
- die Beschreibung Ihrer Aktivitäten im Rahmen von ISO-Zertifizierungen und Qualitätssicherungsmaßnahmen,
- die Darstellung von Rationalisierungsarbeiten zur Kostensenkung,
- die Beschreibung Ihrer innerbetrieblichen Verbesserungsvorschläge und der Belohnungen, die Sie dafür erhielten, etc.

Es gibt natürlich Berufe im Graphik-, Design- und künstlerischen Spektrum, wo sie eine Mappe mit Fotos Ihrer Werke, mit Berichten über Ausstellungsbeteiligungen und Proben Ihrer typographischen Fertigkeiten präsentieren können.

Der Normalbewerber kann dies nicht, aber für jemanden, der diesen Branchen angehört, ist es geradezu eine Selbstverständlichkeit und ein Muss.

Als Arbeitsproben gelten jedoch nicht Aussagen wie: »Ich habe bei der Einführung eines neuen Betriebsabrechnungsbogens mitgearbeitet!« Das müssen Sie schon ein wenig genauer beschreiben!

Die Handschriftprobe

Noch immer herrscht selbst heute bei manchen Bewerbern Unklarheit darüber, was in der kompletten Bewerbung denn handschriftlich zu verfassen sei. Lassen Sie uns die grundsätzliche Antwort auf diese Frage geben:

Handschriftliches liefern Sie nur, wenn es ausdrücklich verlangt wird.

> Außer den Unterschriften unter Bewerbungsanschreiben und Lebenslauf wird in einer Bewerbung nichts handschriftlich dokumentiert, es sei denn, es wird vom zukünftigen Arbeitgeber ausdrücklich verlangt! Das gilt generell und ausschließlich.

Wenn eine Schriftprobe oder ein handgeschriebener Lebenslauf verlangt werden, dann können Sie mit Recht vermuten, dass aus der individuellen Charakteristik Ihrer Handschrift Rückschlüsse auf Ihre Persönlichkeit gezogen werden sollen; man sucht weitere Informationen, um den Eindruck aus Lebenslauf, Zeugnissen, Lichtbild und Anschreiben zu ergänzen.

Die Schriftprobe wird jedoch nur als zusätzliche Information herangezogen und hat im gesamten Prozedere der Bewerbung nur einen geringen Stellenwert.

Nebenbei erwähnt: Wenn Sie aufgefordert einen handschriftlichen Lebenslauf einreichen, dann erklären Sie sich automatisch damit einverstanden, dass Ihre Handschrift analysiert werden darf bzw. Sie sich ein graphologisches Gutachten gefallen lassen werden.

Mit diesem Urteilstenor wies das Arbeitsgericht München (AZ 26 Ca 1674/75) die Klage eines erfolglosen Bewerbers zurück, der sich auf sein verfassungsrechtlich geschütztes Persönlichkeitsrecht berief und meinte, ohne seine Zustimmung sei es nicht gestattet, seine Handschrift zu analysieren. Das Arbeitsgericht bestätigte einerseits, dass zwar die graphologische Analyse eine Verletzung seiner Persönlichkeit sei, aber andererseits eben dann nicht, wenn jemand eine erwünschte Schriftprobe einreiche; denn dann stimme man stillschweigend einer Schriftanalyse zu.

Nur maximal fünfzehn Prozent der deutschen Unternehmen nutzen die Methode der Handschriftprobe. In den USA wird die Methode der Schriftanalyse nach unserem Wissen so gut wie gar nicht eingesetzt, in Frankreich dagegen werden bei fast 85 Prozent der Personalentscheidungen Schriftproben verlangt, auch in der Schweiz und den Benelux-Staaten wird diese Analyse häufiger eingesetzt als bei uns.

Nur wenige Firmen verlangen eine Handschriftenprobe.

Die Meinungen – selbst unter den Fachgelehrten der Schriftpsychologie – über die Aussagekraft von Analysen der Handschrift eines Menschen gehen jedoch weit auseinander!

Noch ist es jedenfalls so: Um den beruflichen Erfolg von Stellenbewerbern in der neuen Position einschätzen zu können, verwenden die einen oder anderen Unternehmen und Institutionen neben Vorstellungsinterviews, biographischen Fragebögen, Arbeitsproben und allen möglichen Testverfahren auch die Analyse und Begutachtung des Schriftbildes; dabei werden folgende Merkmale der Schrift geprüft:

- Wortabstände, Wortunterbrechungen und Abstand des Schriftfeldes links und rechts vom Rand des beschriebenen Blattes,
- Vermagerungen, Abwandlungen und Bereicherungen der Buchstaben

- Schlaffheit, Stärke und Takt in der Federführung,
- Oberlängen (wie beim Buchstaben »b«), Mittelband und Unterlängen (wie beim Buchstaben »g«) im Schriftzug.

Bekannt sind den Schrift-Analytikern zudem

- Alter und Geschlecht der Bewerber,
- Ausbildungsstand,
- berufliche Position in einer Branche sowie
- die eigentliche Schriftprobe mit einem willkürlich ausgewählten Text, der mit Kugelschreiber, Füllfederhalter oder Faserschreiber verfasst wurde.

Einerseits wird das Verfahren meist nur noch bei der Auswahl hochkarätiger Führungskräfte und nicht für »Herrn Jedermann« in der unteren Hierarchie eines Unternehmens genutzt, andererseits aber gilt die Methode als sehr umstritten und zudem als unzuverlässig. Das bestätigt beispielsweise Hans-Bernd Graupner, Personalberater bei Kienbaum in Gummersbach, der von mehreren Graphologen über ein und dieselbe Schriftprobe stark unterschiedliche Ergebnisse erhalten hatte, die von totalen Verrissen bis hin zu seitenlangen Ergüssen, wie gut der Kandidat sei, reichten.

Graphologische Gutachten sollen nur bisherige Bewerbereinschätzung bestätigen.

Lassen Sie uns sehen, was kompetente Fachleute zu diesem Dilemma sagen. Zunächst einige Stimmen pro Graphologie:

Tatsache, so behauptet Dr. Helmut Ploog, Vorsitzender des Berufsverbandes geprüfter Graphologen/Psychologen aus München, scheint mit einiger Gewissheit zu sein, dass die Schrift als Körpersprache oder Ausdruck der Körpersprache auf feinmotorischer Ebene rasche zusammenfassende Einsichten in die Persönlichkeit eines Schrifturhebers ermöglicht und für Positionen ab einer gewissen Stufe im Unternehmen geprüft werden kann, wo die »normalen« Tests auf keinen Fall mehr in Frage kommen.

Das bestätigt auch der Psychologe Jörg Wirtgen, Personalvorstand der Osnabrücker Berentzen AG, für den die Analyse der Handschrift ein zusätzliches diagnostisches Instrument bei der Personalauswahl ist, mit dem er im Allgemeinen sehr gute Erfahrungen gemacht hat.

Bei gehobenen Positionen in der Unternehmenshierarchie, wo Fehlbesetzungen besonders teuer kommen, seien die klassischen Methoden der Personalauswahl nicht brauchbar: »Auf der Vorstands- und Geschäftsführerebene machen die Kandidaten schließlich keine Verhaltensanalyse wie bei einem Assessmentcenter mehr mit. Und die Fachkompetenz bei den Bewerbern in der engeren Auswahl ist meist ähnlich.« (Zitat aus »Die Welt«)

»Ganz oben« wird Personal nach anderen Kriterien ausgewählt!

Wie geht er vor? Mit Einverständnis der Bewerber lässt er jeweils zwei unabhängige Gutachten erstellen. Den Gutachtern ist das Umfeld der Kandidaten bekannt und auch die Aufgaben, für die sie gesucht werden. Mit Hilfe einer Rangliste werden dann die Kandidaten verglichen. Die Kriterien dabei sind

- Intelligenz,
- Führungsqualitäten,
- persönliche Stärken und Schwächen,
- intellektuelle Dimension,
- Lern- und Kommunikationsfähigkeit.

Die Auswertung wird mit den Bewerbern besprochen. »Erstaunlicherweise kommen durch die Gutachten oft ganz neue Fragen auf den Tisch«, hat Wirtgen erfahren. Klaffen beispielsweise Selbsteinschätzung durch ihn und Fremdeinschätzung durch die Graphologen stark auseinander, könne der Personalfachmann auch daraus wertvolle Informationen ziehen.

Auch für Hans Schuler, Personalleiter der INA-Wälzlager Schaeffler KG, Herzogenaurach, ist die Handschrift ebenso wie das Foto, gekonnte Formulierungen und die Verpackung einer Bewerbung Ausdruck der Individualität einer Person. Dies umso mehr, da der »Einheitsbrei der Schriftbilder von Nadel-, Laser- und Tintenstrahldruckern wenig Möglichkeiten bietet, die persönliche Note der Bewerber zu erkennen«.

Nun aber auch einige Stimmen contra Graphologie: Der erste Kritikpunkt an der Fähigkeit und Gültigkeit der Analysemethode ergibt sich schon aus der Tatsache, dass die Graphologen ihr Urteil nicht allein aus dem Schriftbild entnehmen, sondern auch aufgrund zusätzlicher Angaben zur Person oder zum Lebenslauf, aus denen sich inhaltliche Informationen ergeben, die auch von nicht graphologisch vorgebildeten Personen angemessen verarbeitet werden könnten.

Machen Sie einen Versuch!

Machen Sie den Versuch: Bitte stellen Sie sich vor, Sie hätten folgende Angaben zu einer Bewerberin:

- weiblich, 42 Jahre,
- Abitur, Studium, Promotion summa cum laude, Dr. Ing.,
- Geschäftsführerin eines Software-Entwicklungshauses in Augsburg,
- Budgetverantwortung: 67 Mio. DM,
- berichtet direkt dem Vorstand.

Sind Ihnen die Vorurteile bewusst, die Ihnen, ohne dass Sie je einen Schriftzug dieser Frau gelesen hätten, durch den Kopf schießen? Und jetzt sehen Sie die Schrift: eigengeprägte, vereinfachte (wesentliche) und zügig auf das Papier gebrachte Buchstabenformen! Würde das nicht Ihr positives Vorurteil derart bestätigen und überstrahlen, dass es schwerfiele, Leistungsvermögen oder soziale Kompetenz in irgendeiner Form negativ zu kritisieren?

Zwischen den verschiedenen graphologischen Schulen bestehen erhebliche Widersprüche. Während bei den einen die

Schriftgröße Aussagen über den Wirklichkeitssinn, über das Registrierungsvermögen und die Gefühlstiefe erlaubt, zeigt die Schriftgröße bei anderen die Sicherheit, das Selbstvertrauen, die Selbstbehauptung, Anmaßung oder Machttrieb an!

Die Druckstärke des aufgesetzten Schreibgerätes wiederum zeigt bei den einen Ausdauer, Fleiß und Zähigkeit, bei anderen hingegen Verbohrtheit, Dickköpfigkeit und Affektivität an.

Des Weiteren ist die Methode der Handschriftenanalyse an sich nicht besonders zuverlässig. Aus Untersuchungen geht hervor, dass sich je nach Gemütsverfassung des Schreibers (verärgert, traurig, fröhlich etc.) der Schriftcharakter ganz erheblich verändern kann.

Auch das Schreibgerät selbst (Kugelschreiber, Füllfederhalter mit weicher oder harter Feder, Filzschreiber) gibt ein unterschiedliches Schriftbild und verursacht beim selben Benutzer abweichende Handschriften.

Wer hat Recht, wem soll man folgen, alles kann stimmen oder auch nicht. Kommt da die Schriftanalysen nicht allmählich in die Nähe von »Horoskop-Aussagen«? Pro Graphologie stehen die letzten gültigen Beweise noch aus, contra Graphologie ist der absolute Beweis jedoch ebensowenig erbracht.

Sind graphologische Gutachten »Horoskop-Aussagen«? Schreiben Sie sich erstmal warm!

Für den Fall, dass Sie gebeten werden, eine Handschriftprobe abzuliefern, sind unsere Tipps zu diesem Thema folgende:

- Egal, wie geübt Sie sind, kommen Sie bitte nie auf den Gedanken, jemand anderen zu bitten, an Ihrer Stelle mit der Hand zu schreiben; zum einen ist das Urkundenfälschung, was im Falle einer Aufdeckung zur fristlosen Kündigung führen kann, zum anderen können Sie nicht sicher sein, was die Analyse der Handschrift Ihres Stellvertreters ergibt. Dann können Sie nur noch bedauernd sagen: »Hätte ich doch selbst geschrieben!«

- Versuchen Sie als erwachsener Mensch nie, in »Schönschrift« zu schreiben; Sie haben ein erklärtes Recht auf eine charakteristische ausgeschriebene Handschrift.

- Ein Linienblatt unterzulegen ist ein legitimes Hilfsmittel, aber Hilfslinien mit dem Bleistift und Lineal zu ziehen, um sie anschließend wieder auszuradieren, ist nicht der Stil erwachsener Menschen.

- Den handschriftlichen Lebenslauf, wenn verlangt, sollten Sie so lange als Entwurf bearbeiten, bis er »steht«, dann erst wird er mit der Hand abgeschrieben.

Machen Sie auch hier Werbung für Ihre Person!

- Anders ist es bei der bloßen Handschriftprobe. Nehmen Sie als Textvorlage einen Zeitungsartikel, einige Zeilen aus einer Bedienungsanleitung oder zehn unverfängliche Zeilen aus einem guten Roman. Zudem nehmen Sie sich Zeit zum Schreiben, erledigen Sie solch wichtige Aufgaben niemals mal eben zwischen Tür und Angel! Dann schreiben Sie sich mit lockerem Ansatz auf einem separaten Stück Papier erst einmal ein (wie ein Tennisspieler, der sich zunächst einmal einspielt), und erst dann verfertigen Sie die Textprobe.

- Radieren und Durchstreichen gibt es nicht! Da müssen Sie wohl oder übel noch einmal von vorne anfangen zu schreiben; das macht aber nichts, denn mit jedem Mal wird Ihre Schrift charakteristischer und fließender.

Die Liste der Veröffentlichungen

Die große Schar der Normalbewerber kann der Bewerbung natürlich keine Liste eigener Veröffentlichungen beifügen; selbst wenn man schon den einen oder anderen kleinen Artikel in der Lokalpresse beisteuern durfte oder einen Leserbrief schrieb, der sogar ungekürzt veröffentlicht wurde, wird davon keine Liste der Veröffentlichungen angelegt.

Diese Liste ist jedoch für Hochschulabsolventen jeglicher Couleur, speziell promovierte und habilitierte Wissenschaftler eine conditio sine qua non; denn manche Kandidaten werden überhaupt erst bei der Auswahl berücksichtigt, wenn Sie eine lange Liste von Veröffentlichungen in renommierten Verlagen des In- und Auslandes vorweisen können.

> Scheuen Sie sich nicht aus falscher Bescheidenheit, alles aufzuzählen, was Sie in dieser Kategorie vorzuweisen haben; es spricht für Sie!

Nutzen Sie diese Chance: Wenn Sie nicht gut über sich sprechen, wer soll es dann tun?

Die Liste kann dann folgendermaßen aussehen:

Liste der Veröffentlichungen

Papiere
Damit sind alle möglichen Thesenpapiere gemeint, die Sie bei wirtschaftlichen, wissenschaftlichen oder politischen Begegnungen herausgegeben haben. Diese Thesenpapiere enthalten leitsatzartige Zusammenfassungen größerer Verlautbarungen.

Vorträge
Erwähnen Sie, wann, wo, vor welchem Auditorium und aus welchem Anlass Sie diese Vorträge gehalten haben; Konferenzen, Messen, Symposien, Workshops etc. sind hiermit gemeint, und zwar im Inland und ganz besonders im Ausland! Schreiben Sie auch auf, in welchen Fachpublikationen diese Vorträge abgedruckt wurden.

Doktorarbeit
Es versteht sich wohl von selbst, dass Sie Ihre Dissertation nicht der schriftlichen Bewerbung beifügen; zum Vorstellungsgespräch können Sie sie frühestens mitnehmen. Wurde Ihre Dissertation von einem Fachverlag gedruckt und als Buch veröffentlicht, gehört auch das in diese Liste.

Habilitationsschrift
Was wir oben zur Dissertation gesagt haben, gilt gleichermaßen auch hier.

Fachliteratur
Alle Bücher, die Sie darüber hinaus verfasst haben, sind mit Verlag und Erscheinungsjahr aufzulisten.

Berichte aus Presse und Fachliteratur

Eine gute öffentliche Presse in der richtigen Zeitung ist immer ein guter Referenzgeber.

Ist es nicht großartig, wenn andere Menschen und Medien positiv über Sie berichten? Sie können ja viel in die Bewerbung schreiben über das, was Sie können, beherrschen, besser machen als andere; das mag wahr sein oder auch ein wenig stark aufgetragen! Aber wenn andere, wie z. B. gute Referenzgeber, möglichst objektiv in breiter Öffentlichkeit über Sie und Ihre erfolgreichen beruflichen Aktivitäten berichten, hat das einen hohen Stellenwert.

Im Rahmen unserer Beratungstätigkeit erleben wir immer wieder Personen, die wegen Ihrer Berufe stark im Rampenlicht der Öffentlichkeit stehen.

- Angenommen, Sie arbeiten im Umweltschutzbereich Ihrer Gemeinde als Fachbeauftragte für Abwasser oder Gewässerschutz, und Sie sind oftmals mit Informationsveranstaltungen an die Öffentlichkeit getreten, die örtliche Presse schrieb, natürlich mit Bild durch den Pressefotografen, einen großen Artikel über Sie – ist es das nicht wert, wenn Sie sich um eine ähnliche Position bewerben, in Ihrer schriftlichen Bewerbung kopiert beigelegt zu werden?

- Angenommen, Sie haben ein Software-Programm entwickelt, das im Gebäude-Management vielen Menschen die Arbeit erleichtert. In der Fachpresse wurde ein lobender Artikel darüber veröffentlicht, und diese oder ähnliche Software ist auch für einen zukünftigen Arbeitgeber interessant – ist es das nicht wert, in der Bewerbung mit Kopien der Presse zu zitieren?

- Angenommen, Sie arbeiten als Ernährungsberaterin im Verbraucherschutz und haben eine Untersuchung mit verblüffenden Ergebnissen über bestimmte Verbrauchergewohnheiten erarbeitet, über die bundesweit diskutiert wird – ist es das nicht wert, in einer Bewerbung für Sie sprechen zu lassen?

- Angenommen, Sie arbeiten in einer Sprachheilschule für Kinder nach einem neuen therapeutischen Konzept, mit erstaunlich erfolgreichem systemischen Ansatz, und Sie werden in der bundesweiten Fachpresse als Beispiel zitiert – ist nicht auch das wert, in Ihrer schriftlichen Bewerbung erwähnt zu werden?

Immer vorausgesetzt, Ihre Aktivitäten, über die die Presse berichtet, stehen in engem Zusammenhang mit der Arbeit, die Sie bei einem neuen Arbeitgeber demnächst zu leisten haben. Wenn die Presse in einem lobenden Artikel über Sie berichtet, Sie hätten durch Straßensperrung eine brütende Sumpfralle vor dem Überfahrenwerden gerettet, und Sie bewerben sich als Diplom-Ingenieur bei einer Straßenbaufirma, sollten Sie diesen Artikel besser nicht in die Bewerbung legen, das sollte selbstverständlich sein, oder?

Ein Pressebericht in der Bewerbung muß immer im Zusammenhang mit Ihrer angestrebten Arbeit und Position stehen.

Natürlich arbeitet die Mehrheit der Erwerbstätigen engagiert und motiviert an seinem Arbeitsplatz, ohne dass jemals irgendetwas in der Presse darüber zu lesen ist, ohne dass jemals ein Fernsehbericht darüber erscheint oder dass im Radio eine Reportage darüber gesendet wird; wenn Sie also niemals in Presse oder Medien erwähnt worden sind, tut das einer sauberen Bewerbung niemals Abbruch.

Haben Sie aber in einem Job gearbeitet, der täglich in der Kritik der Medien stand und bei dem häufig über Sie berichtet wurde, dann kann eine kleine Ausschnittsammlung von Presseberichten, wenn die darin enthaltenen Urteile über Sie positiv waren, recht effizient Ihre Bewerbung unterstützen.

Bitte legen Sie einer Bewerbung nicht unbedingt selbstaufgezeichnete Video-Kassetten oder selbst gebrannte CDs bei; tun Sie das erst, wenn Sie dazu aufgefordert werden.

Optimierung und Reaktion

Die innere und äußere Verpackung 146

Weitere Beurteilungskriterien für Ihre Bewerbung 151

Überzeugungskriterien für Ihre Bewerbung 154

Das Resultat Ihrer schriftlichen Bewerbung 156

Ihr Nachfolge-Schreiben 164

Die innere und äußere Verpackung

Alle vorausgegangenen Bemühungen können umsonst gewesen sein, wenn Sie es verpassen, Ihren Unterlagen den »letzten Schliff« zu verpassen. Gehen Sie dieses Risiko nicht ein, indem Sie die Unterlagen und damit sich selbst allzu nachlässig präsentieren.

Sowohl die innere als auch die äußere Verpackung Ihrer schriftlichen Berwerbung müssen in ihrer positiven Wirkung auf den Empfänger gleich »stark« sein!

Geben Sie Ihrer Bewerbung ein wertvolles Aussehen.

Bei der Gestaltung der **inneren Verpackung** sollten Sie sich fragen: Wie bereite ich die kompletten Bewerbungsunterlagen so auf, dass

- sie beim Leser Interesse erwecken,
- er sie problemlos durchblättern kann, ohne dass sie in ihre Einzelblätter auseinanderfallen,
- die Einzelblätter trotzdem miteinander verglichen werden können.

Bei der Gestaltung der **äußeren Verpackung** achten Sie bitte auf Folgendes:

- Die Unterlagen gehören in einen großen Umschlag (evtl. B4), der sie bequem aufnehmen kann, und nicht in einen engen A4-Umschlag oder gar in der Mitte gefaltet in einen A5-Umschlag, ebensowenig in eine gepolsterte Versandtasche, die Sie zusätzlich mit Klebeband und Heftklammern »zugriffssicher« machen.

- Dass Ihre Unterlagen in jedem Falle mit der normalen Post abgeschickt werden, erübrigt sich hoffentlich zu sagen; bedenken Sie, die persönliche Abgabe oder ein Einschreiben mit Rückschein verraten gewisse Defizite beim Bewerbungsprozedere!

Die innere Verpackung

Ihre komplette schriftliche Bewerbung mit Anschreiben, Lebenslauf, »Dritter Seite«, Zeugniskopien und anderen gewünschten und wichtigen Unterlagen kann leicht auf einen Umfang von zehn bis fünfzehn A4-Seiten anwachsen. Einerseits müssen diese Unterlagen dem Leser – oft der Personalchef – möglichst handlich vorgelegt werden, andererseits muss die Möglichkeit bestehen, schnell von der einen oder anderen Seite eine Kopie herzustellen. Zunächst bieten sich als Organisationsmittel seit jeher die bewährten Klarsichthüllen an, die in jedem Kaufhaus und Bürobedarfsgeschäft in den verschiedensten Qualitäten zu kaufen sind.

Klarsichthüllen werden oft verwendet, und manch ein sparsamer Zeitgenosse stopfte sogar seine kompletten Unterlagen mit großer Mühe in nur eine einzige Klarsichthülle! Der Empfänger einer derartigen »Präsentation« musste die einzelnen Unterlagen zunächst herausziehen, glätten, manchmal erst wieder in die richtige Reihenfolge sortieren und anschließend mit der gebotenen objektiven Einstellung lesen und werten! Das ging nicht immer zum Vorteil des Bewerbers aus!

So wenig Plastik wie möglich verwenden.

Eine weitere Möglichkeit, einen Leser ungnädig zu stimmen, wäre, jede einzelne DIN-A4-Seite in eine separate Klarsichthülle und alle zusammen dann in einen Plastikordner oder eine Plastikmappe zu stecken. Die übermäßige Verwendung von Plastikhüllen erleichtert auch nicht unbedingt das Durcharbeiten und Vergleichen mit anderen Bewerbungen. Sicherlich werden dadurch die Bewerbungsunterlagen geschont, vielleicht ist nach einer Rücksendung auch die eine oder andere noch einmal verwendbar; zugleich aber signalisieren Sie einem Leser mit dieser Art der Verpackung auch, »dass er mit seinen nicht immer sauberen Händen Ihre wertvollen Unterlagen« verschmutzen würde!

Das Ergebnis ist also: Nur eine einzige Klarsichthülle zu benutzen ist, wie wir leicht einsehen können, Unfug, und eine Vielzahl von ihnen zur Schonung Ihrer Unterlagen zu verwenden, ist gleichermaßen unsinnig! Zudem legen immer mehr Unternehmen und besonders kommunal und ideologisch ausgerichtete Institutionen Wert auf eine ökologisch korrekte Bewerbung. »Papier statt Plastik« ist die Devise!

Unserer Ansicht nach bieten die drei folgenden Möglichkeiten einen gangbaren Ausweg aus diesem Dilemma:

Diese drei Möglichkeiten können wir empfehlen:

- Zum Ersten nehmen Sie alle gewünschten und erforderlichen Unterlagen mit Ausnahme des Bewerbungsanschreibens und fixieren den kompletten Satz Unterlagen oben links mit einer neuen, rostfreien Metall- oder Plastik-Büroklammer. Beachten Sie unbedingt die richtige Reihenfolge der Unterlagen – Zeugnisse immer so legen, dass die neuesten zuoberst liegen.

  Den auf diese Weise zusammengefassten Blättersatz mit dem separat obenauf gelegten Bewerbungsanschreiben stecken Sie nun in eine neue Klarsichtmappe, und zwar in eine, die oben und an der rechten Seite offen ist. Jeder Leser wird mühelos Ihre Unterlagen entnehmen und darin blättern können, ohne dass sie sich gleich in fliegende Blätter auflösen oder durcheinandergeraten.

- Zum Zweiten können Sie den kompletten Satz Ihrer Unterlagen in eine der bewährten Plastik-Klemm-Mappen stecken. Bei manchen Modellen hat das Plastik-Deckblatt innen eine besondere Tasche, in der Sie das Bewerbungsanschreiben unterbringen können.

- Zum Dritten gibt es die Möglichkeit, die geordneten Unterlagen – das Bewerbungsanschreiben wird unbefestigt obenauf in die Mappe gelegt – nach dem exakten Lochen der Papiere in einen dünnen, dezent farbigen (grau, blau) Schnellhefter aus solidem Kunststoff einzuheften.

Völlig deplaziert sind dagegen

- aufwändige Ledermappen (womöglich mit Namensprägung und Familienwappen),
- »lustige« Papp-Mappen mit alternativem Werbeaufdruck,
- jegliche Art weltanschauungsbesetzter Umhüllung, wie naturbraunes Papier mit einer dezent aufgedruckten Auswahl gefährdeter Tierarten und ähnliches mehr.

Das entspricht nicht einer sachlich-objektiven Art der Bewerbung, ganz gleich, wer der Empfänger sein mag.

Wir möchten auch entschieden von der Verwendung vorgefertigter Bewerbungsmappen und Formulare abraten, in die Sie nur noch Ihre Lebens- und Berufsdaten einsetzen müssen. Die Mappen ermöglichen Ihnen ganz gewiß eine leicht zu verfertigende Standardbewerbung, das ist richtig. Sie zeigen andererseits aber auch eine gravierende Schwäche und Ideenlosigkeit bei der Verfertigung einer individuellen und kreativen, adressatenbezogenen Bewerbung.

Entwickeln Sie Ihre Bewerbung selber; nehmen Sie niemals Vordrucke.

Die äußere Verpackung

Die äußere Verpackung muss mindestens so haltbar und dicht sein, dass Sie den Postweg unbeschadet und ungeöffnet übersteht! Besonders bei umfangreichen und schwereren Unterlagen (angenommen, Sie senden z. B. Arbeitsproben mit) kommt es sehr auf die Qualität des Versandumschlages an.

Seien Sie im richtigen Maße vorausschauend – nicht jeder Bewerbungumschlag muss mit Klebestreifen ringsum abgesichert werden. Meist haben die bei der Post und im Bürobedarfshandel erhältlichen Umschläge eine adäquate Stärke.

Verwenden Sie niemals DIN-B4-Umschläge mit dem Aufdruck eines Absenders, möglicherweise Ihrer jetzigen Firma, selbst wenn Sie ihn gekonnt überkleben oder durchstreichen. Mit ein wenig Geschick könnte ein interessierter Leser leicht herausfinden, woher dieser Umschlag stammt. Jeder Empfänger hat zudem ein Recht auf einen unbenutzten Umschlag statt einem »gebeutelten«, der schon zweimal durch die Bundesrepublik gewandert ist.

Die Frankierung mit Briefmarken in ausreichendem Wert ist selbstverständlich, obwohl häufig unterfrankiert wird. Auch der Freistempler Ihrer jetzigen Firma oder der des Arbeitsamtes, bei dem Sie gemeldet sein mögen, machen keinen werbewirksamen Eindruck.

Weiße Umschläge und hübsche Sondermarken machen einen guten Eindruck.

Wir möchten auch von braunen Versandumschlägen abraten! Warum? Sie sollten sich einmal in die Lage des Empfängers Ihrer Bewerbung versetzen: Auf ein in der Presse lanciertes Stellenangebot erreichen ihn – damit meinen wir die Dame oder den Herrn, die/der zunächst Ihre Bewerbung auspackt und vorsortiert – heutzutage oftmals hundert bis zweihundert Bewerbungen. Von einem Augenschmaus aus braunen Standard-Umschlägen kann da wohl nicht die Rede sein!

Nehmen Sie also einen weißen Umschlag in entsprechender Größe – die gibt es nämlich auch! Und kleben Sie schöne Sondermarken darauf. Eine derartige Bewerbung macht einen positiven und freundlicheren Eindruck und wird vielleicht im ersten Ansatz sogar mit anderen Augen gelesen!

Schicken Sie Ihre Unterlagen nicht mit Eilpost – es sei denn, Ihnen ist bekannt, dass das Auswahlverfahren in zwei Tagen beendet wird –, nicht per Einschreiben, nicht mit Fahrradkurier, sondern ganz normal mit der Post, der guten alten »Snail mail«! Nun möchten wir Ihnen noch eine besonders gelungene, erwerbbare Bewerbungsmappe vorstellen. Sie besteht aus starker Pappe (dunkelblau, rot, weiß oder grün), auf dem äußeren Umschlag ist in silbergrauer Schrift zentral positioniert die Aufschrift »Bewerbungsunterlagen« versehen:

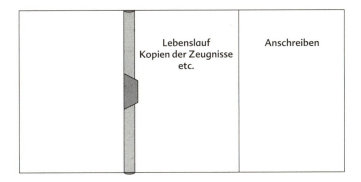

Das Besondere an dieser ungewöhnlichen und preislich erschwinglichen Mappe ist, dass sie zweifach aufzuklappen ist und drei Seiten sichtbar macht, in denen Sie ihre Unterlagen präsentieren können. Die Adresse, unter der Sie sich dieses hervorragend geeignete Produkt beschaffen können lautet: Business Line Vertriebsgesellschaft für Organisationsmittel, Am Wehrhahn 24, 40211 Düsseldorf.

Weitere Beurteilungskriterien für Ihre Bewerbung

Wenn Sie wissen, nach welchen Kriterien Ihre Bewerbung beurteilt wird, haben Sie schon einen weiteren Schritt in Richtung Erfolg getan! Sie müssen sich jetzt nur noch sowohl das, was wir Ihnen bereits mitgeteilt haben, als auch das, was wir Ihnen im Folgenden mitteilen, bei Ihrer Bewerbung umsetzen! Sie wissen ja: Neunzig Prozent des Erfolges sind Vorbereitung!

So wird Ihre Bewerbung beurteilt:

Haben Sie von **allen verlangten Unterlagen,** die zu einer kompletten Bewerbung gehören, gute Kopien gemacht (Papier mit mindestens 100g/m² Gewicht) und in der richtigen Reihenfolge beigelegt? Falls Ihnen eine verlangte, also wichtige Unterlage aus welchen Gründen auch immer fehlt, dann erwähnen Sie das am Ende des Anschreibens oder auf einem Beiblatt, das Sie an die Stelle legen, an der die verlangte Unterlage liegen müsste. Einen guten Eindruck macht das zwar nicht, aber als Notlösung ist es ausnahmsweise einmal möglich.

Ist die **äußere Form der Gesamt-Bewerbung** und sind die Unterlagen insgesamt vom optischen Eindruck her über jeden Zweifel erhaben? Nicht, dass Sie einen Designer einschalten sollten, der Ihre Unterlagen nach den neuesten Styling-Methoden der Bremer Hochschule für Gestaltung ausarbeiten sollte, aber Sie und jeder andere müssen überzeugt sein, dass Ihre Bewerbung eine sehr guten Eindruck macht und nicht »zusammengeschustert« aussieht.

Achten Sie unbedingt darauf, dass alle Lebensdaten in der Bewerbung übereinstimmen.

Wichtig ist des Weiteren unbedingt, dass die **Daten im Lebenslauf** mit den Daten in Anschreiben, Zeugnissen, Zertifikaten, Urkunden und dem speziell für die Firma auszufüllenden Personalbogen übereinstimmen! Ist das so, haben Sie großes Augenmerk darauf verwandt?

Es dürfen, wenn eine komplette Bewerbung verlangt wird, keinerlei **Nachweise für Ausbildungs- und Berufspraxis-Abschnitte** fehlen; natürlich müssen Sie als heute 45-Jährige nicht mehr alle Berufsschulzeugnisse, Praktikumsnachweise oder Seminarbescheinigungen aus der Zeit von vor fünfzehn Jahren vorlegen. Es genügen die höchsten qualifizierenden und neuesten Nachweise für Ausbildung und Berufspraxis. Zum Vorstellungsgespräch allerdings sollten Sie alle Nachweise im Original auf Wunsch vorlegen können.

Es wird genau darauf geachtet, ob und dass Sie **Ausbildungsgänge** auch abgeschlossen haben; deshalb beschreiben Sie in jedem Falle und in jeder Unterlage, dass Sie die Ausbildung abgeschlossen haben, erwähnen Sie gute Zensuren und wenn es auch passt, die Themen der Abschlussarbeiten. Seien Sie hierbei nicht zu bescheiden!

Leistung und Verhalten werden, wie Sie wissen, in jedem Zeugnis dokumentiert, sei es das Schulzeugnis (hier werden in Kürze wieder »Kopfnoten« wie Beteiligung am Unterricht, Ordnung, Pünktlichkeit etc. zu finden sein), Ausbildungszeugnis, Dienstzeugnis der Bundeswehr oder das qualifizierte Endzeugnis. Der Leser interessiert sich dabei dafür, ob diese Noten im Laufe der Jahre auf einem einheitlichen positiven Level lagen oder ob sich dort »Ausreißer« zeigen, die als ein Hinweis auf gestörte Arbeitsverhältnisse gewertet werden können.

Wir haben auf die Problematik dieses Themas bereits hingewiesen: Vermeiden Sie nach Möglichkeit **Lücken in Ihrem Lebenslauf!** Diese fallen ganz bestimmt auf und geben – ob berechtigt oder nicht – Anlass zur Vermutung, dass Sie etwas für die Bewerbung Negatives verschleiern wollen.

Das Wort »Lücke« ist eigentlich eine unsägliche Beschreibung für Zeiten, in denen Sie, aus welchen Gründen auch immer, für eine bestimmte Dauer erwerbslos waren. Das ist keine Schande, lösen Sie sich bitte von einer solchen Einstellung. Auch während einer solchen Lücke haben Sie ja gelebt, sich gesorgt und auch bemüht, in Lohn und Brot zu kommen. Beschreiben Sie notfalls derartige »Auszeiten« offen und selbstsicher, ohne allerdings einem Unternehmen, der Wirtschaft oder dem System, in dem wir leben, die Schuld dafür in die Schuhe zu schieben!

»Lücken« können Sie auf einem Beiblatt erklären.

Man kann zwar heutzutage, wenn man ein bewegtes Berufsleben vorzieht, im Laufe seines Lebens unzähligen verschiedenen Jobs nachgehen, aber solch wechselwillige und »jobhoppende« Personen haben in der Normalbewerbung immer noch (und nicht unbedingt gerechtfertigterweise) geringere Chancen als Bewerber, die in einer Branche **Kontinuität und**

Zielstrebigkeit in ihrer Karriere zeigen, die sich entwickelt haben, die aufgestiegen sind. Der Leser Ihrer Bewerbung wird sehr genau darauf achten,

- wie lange Sie in einer bestimmten Position verweilt haben,
- ob Sie bei langjähriger Zugehörigkeit zu einem Unternehmen dort Karriere gemacht oder fünfzehn Jahre lang nur Investitionspläne bearbeitet haben,
- ob Sie quer durch alle möglichen Branchen gewandert sind, ohne merklichen Aufstieg in den Hierarchien, oder
- ob Sie selten länger als die Probezeit oder ein, zwei Jahre durchhielten und immer dann, wenn aus irgendwelchen Gründen Probleme oder Konflikte auftauchten, »das Weite suchten«, was man zudem auch aus den vorgelegten Zeugnissen entnehmen wird.

Natürlich werden manchmal diejenigen einen unausgesprochenen Vorteil haben, welche die »richtigen« Ausbildungsfirmen, Schulen und Universitäten besucht haben; aber trösten Sie sich: Nicht alle die »mit einem goldenen Löffel im Mund« geboren wurden und sich alles leisten konnten, sind im Business die Erfolgreichen!

Zeigen Sie Selbstwertgefühl und Stolz.

> Vertreten Sie mit Stolz und Selbstbewusstsein Ihre Ausbildung und berufliche Entwicklung; das macht einen überzeugenderen Eindruck, als ein nach drei Monaten wegen geistiger Überforderung abgebrochenes Harvard-Studium.

Überzeugungskriterien für Ihre Bewerbung

Letztendlich haben immer diejenigen die besten Chancen, eine Stelle zu bekommen, die rundweg überzeugend beweisen, dass Sie die richtige Person für den Job sind! Der erste Schritt in diese Richtung beginnt schon mit Ihrer schriftlichen Bewerbung, und es sollte Ihre Erfolgsstrategie sein, schon dort mit jedem Detail Ihre Eignung zu beweisen!

Wenn Arbeitgeber, und hier speziell Personalleute gefragt werden, warum und nach welchen Kriterien sie einen bestimmten Bewerber ausgewählt und eingestellt hatten, dann antworten sie mehrheitlich:

Da stecken eine Menge von Empfehlungen an Sie drin!

- Der Bewerber hat klar und deutlich zu verstehen gegeben, wie er den angebotenen Job zu erledigen gedenkt.
- Der Bewerber hat gezeigt, wie er seine Fähigkeiten und Kenntnisse bisher umgesetzt oder angewandt hat.
- Uns überzeugte, was und wie der Bewerber in den vorigen Jobs zum Betriebsergebnis oder Unternehmensergebnis beigetragen hat.
- Der Bewerber hat gezeigt, welche speziellen Fertigkeiten und Kenntnisse er besitzt und wie er diese zum Nutzen des Unternehmens einsetzen würde.
- Der Bewerber hat klare Beweise für bisherige Leistungen und Erfolge vorgelegt.
- Das Leistungsprofil des Bewerbers passte genau auf unser Anforderungsprofil.
- Der Bewerber ist überzeugend mit der richtigen Selbsteinschätzung aufgetreten.
- Der Bewerber konnte mit überzeugenden aktuellen Sach- und Fachkenntnissen aufwarten.
- Kernkompetenzen und unternehmerisches Denken des Bewerbers haben überzeugt.
- Die Einstellung des Bewerbers zur Berufswelt, die sich in rapidem Wandel befindet, hat überzeugt.
- Die persönliche Gesamterscheinung und die positive Darstellung mittels der Unterlagen hat überzeugt.
- Es wurden kurz und knapp überzeugende Gründe genannt, warum wir diese Person einstellen sollten.

♜ Es wurden keine aufgeblasenen Management-Schlagworte benutzt, um zu zeigen, dass der Bewerber der allerbeste sei, sondern ganz spezielle Fähigkeiten erwähnt, mit denen die Bedürfnisse unseres Unternehmens optimal abgedeckt werden konnten.

Das Resultat Ihrer schriftlichen Bewerbung

Reaktionen auf Ihre Bewerbung:

Im Folgenden möchten wir Ihnen aufzeigen, was nach dem Eingang Ihrer Bewerbung beim Unternehmen Ihrer Wahl als Reaktion auf Sie zukommen kann.

Der Zwischenbescheid

Ein Unternehmen, das Wert auf Etikette und höfliches Verhalten im Sinne kundenorientierten Verhaltens legt (denn auch Sie als Bewerber sind Kunden, die man mit ausgesuchter Höflichkeit behandeln sollte), wird Ihnen ein bis zwei Wochen, nachdem Sie Ihre Bewerbung abgeschickt haben, einen Zwischenbescheid zukommen lassen. Dieses Schreiben dürfen Sie nicht schon als Zusage werten, es soll Sie lediglich über den Erhalt Ihrer Bewerbung informieren. Es wird ungefähr folgenden Text enthalten:

Sehr geehrter Herr Dehlwes,

wir bestätigen Ihnen hiermit den Eingang Ihrer Bewerbung in unserem Hause. Die Sichtung und Bearbeitung aller eingegangenen Bewerbungen wird in Kürze abgeschlossen sein.

Wir werden uns in angemessener Zeit wieder bei Ihnen mit unserer Entscheidung melden.

Viele Dank für Ihr Verständnis!

Mit freundlichem Gruß

Das ist korrekt und höflich; auf ein derartiges Versprechen können Sie in aller Regel bauen. Natürlich: »Nobody is perfect«. Sollten Sie jedoch nach vier bis fünf Wochen immer noch nichts vom Unternehmen gehört haben, dann sollten Sie die Absender des Briefes anrufen und unter Wahrung der höflichen Form um Auskunft über »das Schicksal« Ihrer Bewerbung bitten. Dieses Interesse wird Ihnen mit Sicherheit niemand verübeln, ganz im Gegenteil, es zeigt Ihr Interesse am Job und am Unternehmen.

Die Einladung

Kurze Zeit nach Absenden Ihrer kompletten schriftlichen Bewerbung finden Sie in Ihrem Briefkasten den Brief, auf den Sie gewartet hatten. Wir bitten Sie, in jedem Fall genau zu lesen, ob es sich um ein unverbindliches Kennenlernen, ein informatives Vorgespräch oder eine »klassische« Einladung zu einem Vorstellungsgespräch handelt.

Wir gratulieren Ihnen schon hier zu jeder Einladung aufgrund Ihrer Bewerbung.

Nicht zuletzt taucht hier die Frage nach der Bezahlung der Vorstellungskosten auf: Wenn Sie im selben Ort wie das Unternehmen leben, bei dem Sie sich beworben haben, dann werden Sie wohl nicht den Anspruch auf die Erstattung von DM 2,50 Straßenbahnkosten erheben.

Wenn Sie jedoch aus Augsburg zu einem Vorstellungsgespräch bei einem Verlag oder einem Unternehmen in Hamburg anreisen müssen, dann sollte in der Einladung zu diesem Gespräch vermerkt sein, dass die Bahnkosten 2. Klasse und eine Übernachtung in einem angemessenen Hotel übernommen werden. Falls die Einladung das nicht deutlich aussprechen sollte, rufen Sie bitte vorher an und klären die Frage der Übernahme von Vorstellungskosten.

Eine Einladung zum Gespräch im gleichen Wohnort kann ungefähr wie folgt ausgesprochen werden:

Sehr geehrte Frau Mersmann,

wir beziehen uns auf Ihre Bewerbung und möchten nun gern ein erstes persönliches Gespräch mit Ihnen führen. Als Termin schlagen wir

Donnerstag, 1.10.1999, 1430 Uhr

vor. Wir bitten Sie, uns diesen Termin kurz zu bestätigen.

Melden Sie sich zum genannten Zeitpunkt in unserem Hauptverwaltungsgebäude am Empfang. Sie werden von dort abgeholt.

Mit freundlichen Grüßen

Oder an einen entfernten Ort:

Einladung zum Interview

Sehr geehrter Herr Farud,

ich bedanke mich für Ihr Interesse an einer Mitarbeit bei BNE Magdeburg. Gern lade ich Sie zu einem Gespräch am

28.9.1999 um 15:00 Uhr

ein. Es erwartet Sie ein fachlicher Dialog (ca. 45 bis 60 Minuten) mit Mitarbeitern der jeweiligen Fachabteilungen sowie der Personalabteilung. Bitte bestätigen Sie mir den Termin schnellstmöglich, gern per E-Mail oder auf Anrufbeantworter.

Wenn Sie eine Übernachtungsmöglichkeit benötigen, lassen Sie es mich bitte bei Ihrer Terminbestätigung wissen.

Für eine erste Information über BNE finden Sie beigefügt einiges Informationsmaterial. Wir freuen uns auf ein erstes Kennenlernen und wünschen Ihnen eine sichere Anreise sowie viel Erfolg.

Mit freundlichen Grüßen

Und ein letztes typisches Beispiel für Einladungsbriefe, wie wir sie Ihnen und uns wünschen:

> Sehr geehrte Frau Miller,
>
> aufgrund Ihrer Bewerbung sind wir an einer persönlichen Kontaktaufnahme interessiert und bitten Sie, uns am
>
> 29.9.1999 um 10.00 Uhr
>
> zu einem unverbindlichen Informationsgespräch zu besuchen.
>
> Bitte bestätigen Sie den vorgeschlagenen Besuchstermin unserer Abteilungssekretärin Frau Tabatabai (Tel.089/1234567).
>
> Zur Vervollständigung Ihrer Bewerbung erhalten Sie unseren Personalbogen, den Sie mit weiteren Unterlagen — soweit sie uns noch nicht vorliegen — bitte mitbringen.
>
> Wir schlagen Ihnen vor, am Vortag anzureisen und in München zu übernachten. Die Übernachtungs- sowie die Reisekosten (Bahnfahrt 2. Klasse) werden Ihnen erstattet.
>
> Wir wünschen Ihnen eine gute Anreise.
>
> Mit freundlichen Grüßen

Die Vertröstung (weder Ab- noch Zusage)

Es kann auch passieren, dass Sie zwar eine klare Absage für die beworbene Stelle bekommen, man Sie aber dennoch um die Erlaubnis bittet, Ihre Unterlagen im Hause behalten und an andere Abteilungen weiterreichen zu dürfen, da Sie unter Umständen für eine andere Position in Frage kämen. Das lindert den Schmerz über die Absage nicht sehr, lässt jedoch gleichzeitig einen Funken Hoffnung glimmen. Eine Vertröstung kann auch ehrlich gemeint sein, denn niemand würde Ihre Unterlagen bewahren, wenn nicht ein bestimmtes Interesse an Ihnen bestünde.

Eine Vertröstung ist keine Absage!

Nach unserer Erfahrung wird allerdings in den seltensten Fällen aus dieser Vertröstung noch eine Zusage oder ein Job! Damit Sie endgültige Klarheit bekommen, empfehlen wir Ihnen, spätestens nach einem halben Jahr in der Firma, in der Sie sich beworben haben, anzurufen und sich zu erkundigen, ob Ihre Bewerbung noch »im Rennen« sei.

Es folgt ein Beispiel eines vertröstenden Briefes, nach dem der Bewerber nichts mehr von der Firma hörte; der Brief klingt zwar zunächst ganz tröstlich, aber setzen Sie bitte wenig Hoffnung auf Schreiben dieser Art.

Ihre Bewerbung als Diplom-Ingenieur vom 18. Juni 1998

Sehr geehrter Herr Meister,

wir bedanken uns nochmals für Ihr Interesse an unserem Unternehmen.

Leider müssen wir Ihnen mitteilen, dass wir aus betrieblichen Gründen für dieses Jahr keine Einstellungen mehr vornehmen können.

Wir haben Sie aber für weitere Einstellungen vorgemerkt und würden Ende des Jahres bzw. Anfang 1999 wieder auf Sie zukommen.

Ihr Einverständnis vorausgesetzt, behalten wir Ihre Bewerbungsunterlagen bis zu einer endgültigen Entscheidung.

Mit freundlichen Grüßen

Das »Schweigen im Walde«

Auch das kann geschehen: Sie haben Ihre komplette, umfangreiche und korrekt adressierte Bewerbung abgeschickt und hören nichts vom Empfänger! Das ist gewiss ein seltener Fall, aber er kommt hin und wieder vor.

Grundsätzlich begehen Sie keinen Fehler, wenn Sie nach Absendung Ihrer Unterlagen vier Wochen vergehen lassen und sich dann telefonisch erkundigen, wie lange der Auswahl und Entscheidungsprozess noch andauern wird.

Aus der Art der Antwort können Sie Ihre Rückschlüsse auf die Einstellung der Firma zu Bewerbern entnehmen!

Erhalten Sie eine positiv, aber dennoch vertröstende Antwort, müssen Sie noch ein wenig auf eine Entscheidung warten. Erhalten Sie jedoch eine negative Antwort der Art: »Welche Bewerbung meinen Sie denn? Die Stelle ist doch längst besetzt!«, dann bitten Sie deutlich darum, dass man Ihnen Ihre Unterlagen wieder zurückschickt; denn diese sind und bleiben Ihr Eigentum!

Nur das Anschreiben kann zurückbehalten werden, da es ein Brief an den Stellenanbieter ist und mit Ankunft bei ihm in sein Eigentum übergeht.

Sollte sich die Firma sperren, Ihre Unterlagen zurückzusenden, dann raten wir Ihnen zu anwaltlicher Hilfe.

Die eindeutige Absage

Sie hatten vor ungefähr vier Wochen, wie Sie ganz sicher glaubten, eine herausragende Bewerbung abgeschickt; Ihr Leistungsprofil passte hervorragend auf das Anforderungsprofil der angebotenen Stelle, Sie hatten das richtige Alter, die richtige Ausbildung und die richtige Berufserfahrung!

Da konnte doch nichts schiefgehen, meinten Sie! Gestern öffneten Sie jedoch den Briefkasten und fanden einen großen Umschlag vor, abgestempelt durch den Freistempler des Unternehmens, bei dem Sie sich so hoffnungsvoll beworben hatten! Es waren Ihre Unterlagen mit dem typischen Brief dazu.

Sehr geehrte Frau Rickmann,

wir danken Ihnen für das unserem Unternehmen mit Ihrer Bewerbung entgegengebrachte Vertrauen.

Wie Sie sich denken können, haben sich auf unser Stellenangebot sehr viele Kandidatinnen beworben, die wie Sie auch eine sehr gute Qualifikation für die Position mitbringen.

Wir müssen Ihnen jedoch leider mitteilen, dass wir uns nach reiflicher Überlegung für eine andere Bewerberin entschieden haben. Nehmen Sie diese Entscheidung bitte nicht als Zweifel an Ihrer Qualifikation, sondern als Ergebnis eines sehr strengen Auswahlverfahrens.

Zu unserer Entlastung senden wir Ihnen beigefügt Ihre Unterlagen zurück; für Ihren weiteren beruflichen Lebensweg wünschen wir Ihnen viel Erfolg!

Mit freundlichem Gruß

Oder:

Sehr geehrter Herr Fassbender,

wir bedanken uns für Ihr Interesse an einer Mitarbeit in unserem Hause und die Zusendung Ihrer informativen Bewerbungsunterlagen.

Jedoch müssen wir Ihnen mitteilen, dass wir Sie bei der zu besetzenden Stelle leider nicht berücksichtigen konnten.

Zu unserer Entlastung senden wir Ihnen die uns überlassenen Unterlagen zurück.

Wir danken Ihnen für Ihr nachdrückliches Interesse am Aufbau unseres Werkes in Dresden und wünschen Ihnen für Ihre berufliche und persönliche Zukunft alles Gute.

Mit freundlichen Grüßen

Solch eine eindeutige Absage trifft Sie natürlich wie ein Keulenschlag, besonders, wenn Sie derartige Rückschläge schon häufiger erleben mussten! Nach einer kurzen Zeit berechtigter Enttäuschung und des Gefühls persönlichen Versagens aber werden sich Ihr Selbstwertgefühl und Ihr »Dennoch-Gefühl« wieder zeigen!

Denn wenn es wirklich stimmt, dass sich so viele Kandidaten beworben hatten und der Auswahlprozess notwendigerweise sehr streng verlief, dann kann das doch nur an Kleinigkeiten oder Unwägbarkeiten liegen, auf die Sie keinen Einfluss nehmen konnten.

Fachliche Eignung ist bei einer Bewerbung längst nicht mehr ausschließlich der ausschlaggebende Faktor. Viele scheitern an »Kleinigkeiten«, an unbegründeter Abneigung, an Belanglosigkeiten wie »Nasenfaktor«, »Chemie« oder ähnlichem, selbst wenn sie die ideale Qualifikation für den angebotenen Job haben.

> »Peanuts« können über den Erfolg Ihrer Bewerbung entscheiden.

Prüfen Sie zunächst in jedem Fall einer Absage noch einmal gründlichst Ihre kompletten Bewerbungsunterlagen, auch mit Freunden und fachlich kompetenten Personen, und besuchen Sie ein gutes Bewerbungstraining, das von berufserfahrenen Beraterteams und nicht von »Youngstern aus dem Elfenbeinturm«, jungen Leuten, die nie ein Stahlwerk oder Großraumbüro von innen gesehen haben, geleitet wird.

Nehmen Sie anschließend all Ihren Mut zusammen und bitten das Unternehmen, bei dem Sie sich beworben haben, ganz konkret mit einem Brief oder besser noch mit einem direkten Anruf bei den zuständigen Auswahlpersonen um die Gründe, die zu der Ablehnung Ihrer Bewerbung geführt haben. Wir hoffen und glauben, dass Sie durch dieses Vorgehen die entscheidenden Hinweise bekommen, mit denen Sie Ihre Bewerbung für die nächsten Male optimieren können.

Beherzigen Sie das gute alte Motto: Hinfallen ist keine Schande, aber liegenbleiben und klagen! Lassen Sie sich nicht unterkriegen und nehmen Sie einen neuen Anlauf!

Ihr Nachfolge-Schreiben

Mit einem guten Nachfolge-Schreiben heben Sie sich deutlich und positiv von anderen Mitstreitern ab.

Bitte nehmen Sie sich diese abschließenden Ausführungen besonders zu Herzen!

Allgemein wird ein Verlust an Werten und Normen in unserer Gesellschaft beklagt sowie das Fehlen von normativen Selbstverständlichkeiten bedauert! »Höflichkeit ist eine Zier, doch weiter kommt man ohne ihr!«, scheint das Lebens- und Verhaltensmotto vieler Zeitgenossen zu sein und so elementare Begriffe wie Dankbarkeit scheinen völlig in Vergessenheit geraten zu sein.

Weil bestimmt weniger als zehn Prozent der Kandidaten handeln, wie es erwartet werden könnte, zeigen wenigstens Sie sich hier im Bewerbungsgeschehen mit einem Dankschreiben als einen Menschen, der Stil hat.

Schauen Sie: Man hat sich die Zeit genommen, Ihre Bewerbung zu lesen, hat einen Einladungsbrief geschrieben, Sie unter Umständen in einem Hotelzimmer nächtigen lassen, ein Gespräch mit Ihnen geführt und Sie bewirtet, Ihnen die Reisekosten ersetzt und vielleicht auch einen Vertrag zugeschickt! Das muss doch einfach mit einem Dankschreiben belohnt werden! Damit hinterlassen oder geben Sie einen sehr positiven Eindruck, der Bände spricht über Ihre Manieren und Ihren Charakter.

Das kann eine kurze handgeschriebene Mitteilung selbst auf einer Klappkarte (aber bitte eine professionelle und keine mit Blümchenmotiv auf der Frontseite) sein oder ein Schreiben auf dem PC, ausgedruckt auf Ihrem Drucker.

Vielfach hört man von Unternehmerseite, dass diese Nachfolge-Briefe der Bewerber ein echtes Interesse am Job zeigen; und wenn ein Unternehmen die Wahl hat zwischen Ihnen und einem gleich guten Kandidaten, dann können Sie sich durch ein gut formuliertes, keineswegs anbiederndes Dankschreiben nach einem Vorstellungsgespräch unter Umständen zusätzliche Pluspunkte holen. Solch ein Nachfolge-Schreiben kann manchmal der entscheidende Anlass sein, gerade Ihnen den Job anzubieten.

Nachfolge-Schreiben müssen sofort geschickt werden.

Dankschreiben oder Nachfolge-Schreiben sollten zeitnah, nicht später als 24 Stunden nach einem Bewerbungsereignis abgesandt werden.

Dankschreiben nach einem Vorstellungsgespräch, bevor das endgültige Ergebnis mitgeteilt wurde

Ein wirklich effizientes Nachfolge-Schreiben sollte in diesem Fall folgende Elemente enthalten:

- einleitende Begrüßung oder Bezugnahme,
- Ausdruck des Dankes für das Vorstellungsgespräch,
- nochmaliges Betonen des Interesses an diesem Job,
- Wert und Bedeutung des Gesprächs für Sie,
- positive Schlussformulierung.

Sie zeigen mit der namentlichen Ansprache direkten Kontakt zum Gegenüber, mit dem ausgesprochenen Dank schätzen Sie seine Zeit, die er mit Ihrer Bewerbung verbracht hat, hoch ein und zeigen mit Ihrem Interesse am Job, wieviel Ihnen daran liegt, gerade dort arbeiten zu wollen. Glauben Sie uns, wenn Sie das tun, gehören Sie zu einer ganz kleinen Minderheit von Bewerbern, die sich so verhält und die man deswegen ernst nimmt.

Nachfolgend zeigen wir Ihnen einige Beispiele von Briefen aus diesem Anlass.

Dankschreiben einer Hochschulabsolventin nach einem informellen Vorstellungsgespräch auf einer Karriere-Messe

---

Sehr geehrter Herr Dr. Hofmann,

es war eine Freude und gute Erfahrung, Sie gestern auf der Karriere-Messe in Düsseldorf kennenzulernen. Recht herzlichen Dank auch für das angenehme Gespräch und die wichtigen Informationen, die Sie mir über Ihr Unternehmen gaben.

Wie in der Diskussion abgesprochen, habe ich den Geschäftsbericht und die PR-Mappe Ihres Unternehmens, die Sie mir mitgaben, intensiv durchgelesen. Ich war beeindruckt von den Aktivitäten und Geschäftsergebnissen und möchte gerne das Angebot annehmen, in einer ruhigeren Atmosphäre, als sie eine hektische Messe bietet, mit Ihnen über die Anstellung in Ihrem Hause zu sprechen.

Ich werde Sie in der kommenden Woche anrufen und um einen Gesprächstermin bitten.

Zu Ihrer weiteren Vorab-Information über mich habe ich noch folgende Unterlagen beigefügt ...

Mit freundlichen Grüßen

Jennifer Braun

Achten Sie einmal darauf, wie diese Kandidatin in ihrem Schreiben nur positiv besetzte und selbstbehauptende Begriffe verwendet; da gibt es nichts Negatives zu lesen! Nehmen Sie sich diesen Brief als Grundmuster in Inhalt und Tendenz, und Sie werden ein gutes Bild eines Kandidaten abgeben.

Mit einer derartigen Strategie gewinnen Sie dreifach:
- Sie erfreuen die Person, die Sie loben
- Sie selbst profitieren von dieser Freude, denn es ist schon
- ein gutes Gefühl, wenn man jemanden erfreuen kann,

und Sie nehmen die Realität anders wahr, weil Sie bewusst betrachten, was Sie lobend erwähnen können.

Dankschreiben nach einem positiven Vorstellungsgespräch

Sehr geehrte Frau Dr. Schütte,

ich möchte Ihnen auf diesem Wege noch einmal sagen, wie informativ und fair ich das Gespräch empfunden habe, das ich mit Ihnen am 12. Februar führen konnte. An der Position des Betriebsingenieurs bin ich sehr interessiert, da sie mir eine Herausforderung mit großen Chancen bietet.

Die im Einzelnen damit verbundenen Aufgabenstellungen kann ich mit meinem bisherigen Erfahrungsspektrum sehr gut abdecken; zudem bin ich überzeugt, einen effizienten Beitrag zu Ihrem Betriebsergebnis leisten zu können.

Danke auch für die umfassende und lehrreiche Betriebsbesichtigung, die Einladung zum Essen in Ihrer Werkskantine und die freundliche Verabschiedung.

Ich freue mich darauf, bald von Ihnen zu hören.

Mit freundlichen Grüßen

Thomas Rethen

Wenn Sie sich dieses Dankschreiben noch einmal genau ansehen, entsteht vor Ihrem geistigen Auge geradezu ein Bild von dem erlebten Bewerbungsgeschehen:

- Die Wahrnehmung des Gespräches als fair und informativ,
- Das Interesse am Job, das noch einmal erwähnt wird,
- Die Feststellung, dass nach Bewerbermeinung Anforderungsprofil und Leistungsprofil übereinstimmen,
- Betriebsbesichtigung, Essen in der Kantine, freundliche Verabschiedung bis zu den Schlussformulierungen,

Hätten Sie nicht Lust, nach einem guten Vorstellungstermin einen ähnlichen Brief zu verfassen?

Dankschreiben nach einem Vorstellungsgespräch, um noch einmal darauf hinzuweisen, dass das Leistungsprofil sehr gut auf das Anforderungsprofil der angebotenen Stelle passt

---

Sehr geehrter Herr Walter,

ich will mich mit diesem Brief noch einmal für die Möglichkeit bedanken, am vergangenen Dienstag Ihr Unternehmen zu besuchen, um mit Ihnen ein Vorstellungsgespräch um die neu zu besetzende Position eines Junior Brand Managers zu führen.

Im Vergleich zu den anderen Angeboten, die mir gemacht wurden — ich berichtete in unserem offenen und fairen Gespräch darüber —, ist mein Interesse an der Position, die Sie mir bieten, ausgesprochen hoch, und zwar, weil mir von Ihnen die Chance geboten wird, die gesamte Marketing-Strategie für ein neues Produkt eigenverantwortlich zu entwickeln.

Wie Sie sich erinnern werden, habe ich in meinem Wirtschaftsstudium den Schwerpunkt auf das Marketing von Konsumgütern gelegt und langjährige Erfahrungen bei Kraft Foods gesammelt; diese Fähigkeiten und Kenntnisse will ich gerne sehr engagiert in Ihrem Hause und der neuen Position einsetzen.

Vielen Dank auch für Ihre große Gastfreundschaft während meines Besuches bei Ihnen.

Ich freue mich darauf, bald von Ihnen zu hören und verbleibe

mit freundlichen Grüßen

Bert Bruch

Nach einem erfolgreichen Vorstellungsgespräch, nach dessen Abschluss man Ihnen mitteilte, Sie noch zu einem zweiten Gespräch einladen zu wollen, können Sie ebenfalls ein Dankschreiben verschicken; einen Textvorschlag dazu bieten wir Ihnen im nächsten Muster an. Schreiben Sie nicht zu selbstsicher, denn das zweite Gespräch müssen Sie erst einmal »gewinnen«, aber auch nicht zu untertänig. Ein rechtes Maß an Selbstbewusstsein und Selbstsicherheit ist hier angebracht.

Dankschreiben nach dem Erstinterview und vor dem zweiten Gespräch

> Sehr geehrter Herr Scholle,
>
> auf diesem Wege bedanke ich mich zunächst noch einmal bei Ihnen für das offen und fair geführte Vorstellungsgespräch am vergangenen Montag in Ihrer Zentrale in Bremen.
>
> Besonders habe ich mich über Ihre freundlichen Kommentare und über die Bestätigung meiner Qualifikation gefreut. Die Aussicht, in Ihrem Unternehmen die angestrebte Position zu besetzen, gibt mir ein gutes Gefühl.
>
> (Zählen Sie noch einmal die Gesprächsergebnisse auf und bestätigen detailliert, dass Ihr Leistungsprofil in allen geforderten Belangen dem Anforderungsprofil der angebotenen Stellung entspricht.)
>
> Wenn Sie mich, wie angedeutet, in Kürze zu einem weiteren Gespräch mit Ihrer technischen Geschäftsführung und möglichen zukünftigen Vorgesetzten einladen, bin ich dazu jederzeit bereit.
>
> Mit freundlichen Grüßen
>
> *Marion Schulz*

Schreiben zur Annahme des angebotenen Jobs

Sinn und Zweck des komplexen Bewerbungsgeschehens ist aus Sicht der Bewerber, den angestrebten Job zu bekommen. Und für jedes Job-Angebot, so gebietet es die Höflichkeit, sollten Sie sich bedanken. Wenn Sie also demnächst einen Job angeboten bekommen, dann antworten Sie mit einem Brief, der Folgendes enthalten muss:

Höflichkeit siegt!

- Bezugnahme auf das Jobangebot,
- klar ausgedrückte Annahme dieses Angebots,

- kurze Bestätigung der vereinbarten Bedingungen,
- Ausdruck Ihres Engagements und Ihrer Motivation, den Job zu erledigen.

Nachstehend finden Sie ein Musterbeispiel für ein Schreiben aus diesem Anlass.

Sehr geehrter Dr. Thomsen,

besonderen Dank für Ihr Schreiben vom 5. August, in dem Sie mir die Position als Personal-Controller in Ihrem Hause anbieten, und die gleichzeitige Übersendung des unterschriftsreifen Vertrages.

Über diesen Vertrag freue ich mich sehr und nehme ihn gerne an.

Ich bestätige Ihnen daher zudem folgende Vereinbarung:

  Arbeitsaufnahme am 1. November 1999

  7.15 Uhr in Ihrer Hauptverwaltung in Mannheim.

Dem »Start« in Ihrem Hause sehe ich mit Spannung entgegen und freue mich darauf, einen Beitrag zu Ihrem Betriebsergebnis leisten zu können. Beigefügt habe ich diesem Schreiben den von mir gegengezeichneten Vertrag.

Mit freundlichen Grüßen

Christine Brand

Schreiben nach einem erfolglosen Vorstellungsgespräch

Das zeigt Selbstsicherheit und Mut:

Es mag Ihnen merkwürdig vorkommen, sich auch noch für einen »Misserfolg« zu bedanken, aber bedenken Sie Folgendes: Es kann sein, dass

- Sie eines Tages wieder mit dieser Firma Kontakt haben werden, und zwar als Kunde, auf einer Messe oder im Wettbewerb ganz allgemein;

- diese Firma das Unternehmen, in dem Sie letztendlich einen Job bekommen haben, aufkauft und Ihre »alten« Interview-Partner Ihre neuen Vorgesetzten werden;

- Sie sich noch einmal später bei dieser Firma bewerben wollen oder

- diese Firma doch noch jemanden wie Sie braucht und sich an Sie erinnert.

Darum wünschen wir uns, dass Sie nicht als »geschlagener« Verlierer »auf Nimmerwiedersehen« irgendwo in der Berufswelt verschwinden, sondern als echter Gewinner allen in guter Erinnerung bleiben; und zwar als mustergültiges Beispiel für gutes Benehmen und Stil.

Seien Sie kein »Verlierer«!

Schreiben nach einem erfolglosen Vorstellungsgespräch

Sehr geehrter Herr Scholz,

ich möchte Sie gerne wissen lassen, dass ich mich auf diesem Wege noch einmal für das Vorstellungsgespräch am 21. September 1999 in Ihrem Unternehmen bedanken will, obwohl es für mich nicht zu einem positiven Abschluss geführt hat.

Aber gerade das intensive Gespräch mit den Damen und Herren der verschiedenen Abteilungen gab mir wichtige Hinweise darauf, wo ich meine Kenntnisse und Fähigkeiten noch »nachbessern« kann; insofern war dieses Gespräch wichtig für mich!

»Man begegnet sich im Leben immer zweimal« heißt es in einer Redensart; ich freue mich also auf weitere Begegnungen mit Ihrem erfolgreichen und bekannten Unternehmen und verbleibe

mit freundlichen Grüßen

Muriel Spark

Schreiben zur Ablehnung des angebotenen Jobs bzw. zur Information darüber, dass Sie sich für eine andere Firma entschieden haben

Sie haben auch das Recht, einen Job abzulehnen.

Falls Sie aus irgendwelchen Gründen den angebotenen Job nicht annehmen wollen oder können, sollten Sie diese Ablehnung wirklich professionell, ehrlich, zeitnah und fair aussprechen. Ein kurzes Anschreiben dieser Art sollte enthalten:

- Dank für die Tatsache, dass man Ihnen den Job angeboten hatte,
- einige höfliche Worte über das Unternehmen oder die Institution,
- eine kurze, prägnante, aber höfliche Ablehnung.

Ob Sie Gründe für die Ablehnung anführen wollen, bleibt Ihnen überlassen; Sie müssen es nicht! Wenn Sie wirklich schwerwiegende Gründe für die Ablehnung haben, sich aber die Tür offen lassen wollen, eines Tages doch dort zu arbeiten, dann sollten Sie natürlich Gründe nennen. Eines noch: Erfinden Sie keine Ablehnungsgründe, und ein Ablehnungsgrund sollte auch nicht im Widerspruch zu Ihren Äußerungen im Vorstellungsgespräch stehen.

Sie werden vielleicht sagen, man müsse heute doch froh sein, überhaupt einen Job zu bekommen und es zeuge nicht gerade von Klugheit, einen Job abzulehnen! Das ist nur eine Seite der Medaille, möchten wir Ihnen entgegnen!

Bedenken Sie doch einmal, wie Ihnen nach kurzer Zeit zumute sein wird, wenn Sie einen Job annehmen, nur um eine Arbeit zu haben! Sie werden unzufrieden sein, eventuell sogar unterfordert in Ihrer Arbeit, die Arbeit macht keinen Spaß mehr, Ihre Unzufriedenheit strahlt gar in Ihr Privatleben aus!

Da ist es doch besser, deutlich und selbstsicher einen Job abzulehnen und energisch weiterzusuchen.

Ablehnung des angebotenen Jobs

> Sehr geehrte Frau Müller,
>
> es war ein sehr informatives und effizientes Vorstellungsgespräch am 12. Mai 1999 in Ihrem Hause; ich danke Ihnen dafür und auch für die unverzügliche Übersendung des unterschriftsreifen Vertrages.
>
> Es fällt mir daher ein wenig schwer, Ihnen mitzuteilen, dass ich Ihr Vertragsangebot nicht annehmen werde, denn ich habe mich zwischenzeitlich für eine herausfordernde Aufgabe in einem anderen Unternehmen entschieden.
>
> Ich danke Ihnen noch einmal für Ihr freundliches Verhalten während unserer Gespräche und das faire Vertragsangebot.
>
> Mit freundlichen Grüßen
>
> *Markus Möller*

Das ist ein positives und selbstbehauptendes Ablehnungsschreiben, das Ihnen niemand »krumm« nehmen wird. Es wird Ihnen hoch angerechnet, die Firma rechtzeitig informiert zu haben, da sie sich ja weiterhin um geeignete Bewerber und zukünftige Angestellte bemühen muss.

Lehnen Sie rechtzeitig ab!

Wenn Ihnen das Schreiben zu lobend und positiv klingt, können Sie natürlich auch einen höflichen »Zweizeiler« schreiben; auch das genügt! Aber schreiben sollten Sie schon, statt still zu schweigen!

Wenn Sie mit mehreren Bewerbern noch im »Endspiel« sind und zwischenzeitlich ein besseres Angebot erhalten haben, sollten Sie fairerweise das Unternehmen sofort darüber informieren. Machen Sie das jedoch wirklich erst, wenn Sie das günstigere Vertragsangebot auf dem Tisch liegen haben und nicht einfach auf Verdacht oder auf eine vage Zusage hin. Unser Vorschlag einer Formulierung eines Absagebriefes für diesen Fall lautet wie folgt:

Verzicht auf weitere Berücksichtigung in der Endauswahl

Sehr geehrter Herr Bruder,

ich habe unser gestriges Gespräch sehr geschätzt, in dem ich mich in Ihrem Unternehmen für die Position eines Gruppenleiters Marketing bewerben konnte. Alle Gesprächspartner, denen ich dort begegnete, waren hoch motiviert und sehr für ihr Unternehmen engagiert.

Wie ich Ihnen in unserer Unterhaltung schon mitteilte, hatte ich vor dem Gespräch mit Ihnen noch zwei weitere Vorstellungstermine bei Unternehmen Ihrer Branche; davon hat mir Infodata gestern ein sehr gutes Angebot vorgelegt, dem ich zugestimmt habe.

Ich bitte Sie daher, auch ein wenig schweren Herzens, mich von der Liste der Mitbewerber zu streichen. Dennoch freue ich mich schon auf Begegnungen mit Ihnen und Ihrem Unternehmen auf Messen und Meetings.

Mit freundlichen Grüßen

Marina Melchior

Halten Sie doch einmal einem Unternehmen den Spiegel vor, indem Sie sich auf eine gleiche Stufe stellen, wie es Unternehmen tun, die mit lakonischen Standardformulierungen hoffnungsvolle Bewerber ablehnen.

Möglich wären in Ihrem Ablehnungsschreiben auch diejenigen Formulierungen, wie sie Unternehmen benutzen, um Kandidaten nach Vorstellungsgesprächen mitzuteilen, dass »man leider auf sie verzichten müsse«.

Warum soll man nicht die Verhältnisse einmal umkehren? Es kann nicht schaden, den Unternehmen selbst einmal die eigenen nichtssagenden Texte und Floskeln wie einen Spiegel zum Rätseln vorzulegen.

Also schreiben Sie doch einmal eine Absage eines angebotenen Jobs in der Art wie dieser:

Ablehnung des angebotenen Jobs mit einem Text, den Firmen benutzen, um Kandidaten eine Absage zu erteilen

> Sehr geehrte Damen und Herren,
>
> ich muss Ihnen leider mitteilen, dass ich mich nicht für Ihr Unternehmen entscheiden konnte, da ich einen Vertrag bei einem Unternehmen unterschrieben habe, das meinen Vorstellungen von Marketing-Orientierung und den Erfordernissen zukunftsorientierter Arbeitsweisen eher entspricht.
>
> Bitte nehmen Sie diese Absage nicht als Zweifel an Ihrem Unternehmen und dessen Kompetenzen, sondern als eine rein sachliche Entscheidung in eigener Sache!
>
> Mit freundlichen Grüßen
>
> *Jan-Ullrich Westernhagen*

Vielleicht führt eine derart formulierte Absage bei der einen oder anderen Firma zu einem kreativen Um- oder Nachdenken über diese von vielen Unternehmen standardisierten Absagebriefe.

Ein zweiter Effekt könnte sein, dass ein solch offener und hintergründiger Brief auch dazu führt, dass der nächste Absagebrief des angeschriebenen Unternehmens an einen sich bewerbenden Kandidaten endlich offen und ehrlich die wirklichen Absagegründe nennt.

Wir halten den angeführten Westernhagen-Brief nicht für unangemessen, sondern eher für ein Zeichen ausgeprägten Selbstwertgefühls.

Anweisungen, Checklisten und Formulare

Vorabinformationen und
Kontaktadressen 178

Schlusswort 187

Register 189

Impressum 190

Coupon 191

Vorabinformationen und Kontaktadressen

In immer mehr Stellenangeboten lesen Sie Hinweise wie die Folgenden, die Sie bitte beherzigen sollten:

Nutzen Sie diese Chance zur Vorabinformation:

»Wenn Sie unser Stellenangebot reizt, nehmen Sie das Gespräch mit unserem Personal-Mitarbeiter Herrn ... auf. Sie erreichen ihn unter der Telefon-Nr. ..., auch am Sonntag von 16.00 bis 18.00 Uhr.«

»Für erste telefonische Vorabinformationen steht Ihnen gerne Frau ... unter ... zur Verfügung.«

Auch schon häufig in Stellenangeboten zu finden und an Internet-Nutzer gerichtet sind Sätze wie der Folgende:
»Informationen zu Delphi Delco Electronics finden Sie unter: http://www.delcoelect.com. Auskünfte zu den im Stellenangebot genannten Positionen erhalten Sie bei Herrn ... unter xyz@mail.delcoelect.com.«

Die Unternehmen versuchen auf diese Art die Anzahl der Bewerbungen auf ein Stellenangebot zu reduzieren, denn die Bewerbungsunterlagen müssen mit nicht unerheblichem Aufwand an Geld, Zeit und Personal gesichtet und zum Großteil wieder zurückgeschickt werden.

Unsere folgenden Anweisungen zum Verhalten bei einem telefonischen Vorabgespräch sollen Sie einstimmen und vorbereiten auf diesen nervositätsbesetzten Anruf; denn Sie wollen ja auch hier schon einen guten Eindruck erzielen – das sollte nebenbei auch das Unternehmen, das Sie anrufen; bitte denken Sie auch daran!

Gehen Sie nicht davon aus, dass ein Vorabgespräch einfach ein normaler Anruf sei; hier schon werden Sie auf Grund Ihrer rhetorischen Fähigkeiten und behaupteten Kompetenzen »vor«-getestet und bei einem schlechten Eindruck wird man Ihnen klar zu erkennen geben, dass diese Position nichts für Sie sei.

Wenn Sie in dieser Situation schon einen schlechten Eindruck bekommen,

- weil die Stimme am Telephon unfreundlich ist,
- man Sie »von oben herab behandelt«,
- man Sie in einer Warteschleife bei elektronischer Musik hängen lässt oder
- antwortet: »Den Müller können Sie jetzt nicht sprechen, weil er Frühstückspause hat!«, ohne Sie mit jemand anderem zu verbinden,

dann haben Sie das gute Recht und einen Grund für erste Zweifel an dieser Firma.

Schreiben Sie unbedingt während des Telefonats die wichtigsten Punkte mit.

Anweisungen zum Verhalten bei einem telefonischen Vorabgespräch

- Wenn keine Telefon-Nummer in der Stellenanzeige angegeben war, hat das wohl seine Gründe. Rufen Sie dann bitte nicht an, denn Sie hinterlassen einen schlechten Eindruck, wenn Sie darauf beharren, jemanden sprechen zu wollen, der für Sie zuständig ist.

- Haben Sie auf jeden Fall Papier und Schreibzeug parat, um sich die Namen Ihrer Gesprächspartner, Gesprächsinhalte, Ergebnisse und Vereinbarungen zu notieren.

- Haben Sie den Namen Ihres Gesprächspartners nicht richtig verstanden, dann fragen Sie nach! Das ist in jedem Fall besser, als einen falsch gehörten Namen immer wieder zu verwenden und Ihren Gesprächspartner damit zu verärgern.

- Verlangen Sie nicht gleich, den obersten Personalchef zu sprechen. Für erste Vorinformationen, wie Sie sie benötigen, geben gute Sachbearbeiter und Assistenten zuverlässige Antworten, denn sie bearbeiten in der Regel auch Ihre Bewerbung.

- Hüten Sie sich davor, aus Nervosität oder Unsicherheit hier schon gleich Ihre gesamte Lebensgeschichte auszubreiten. Sie sollten nur diejenigen Informationen geben, nach denen Sie gefragt werden, und auch diejenigen Informationen erhalten, die für Sie und die nachfolgende schriftliche Bewerbung wichtig sind.

- Im Ganzen gesehen, geht es bei diesen Vorabtelefonaten nur darum, abzuklären, ob Sie mit Ihrem derzeitigen Leistungs- und Erfahrungsprofil zum Anforderungsprofil der zu besetzenden Stelle passen.

Es wird immer gebräuchlicher, zum Zweck der Vorabinformation und damit der Vorabauslese ungeeigneter Kandidaten um diesen Vorab-Anruf zu bitten. Diese Anrufe sind nicht immer ganz frei von Nervosität auf Seiten der Bewerber, selbst wenn man damit nach einiger Zeit schon Routine erwirbt.

In diesen Vorabgesprächen werden Sie schon einmal durch ein »großes Raster« geschickt und bekommen viele gute Informationen über Ihre erforderliche Qualifikation, von der Ausbildung bis zur Berufserfahrung.

> Wenn Sie diese wertvollen Fakten nicht festhalten, sie nicht für sich auswerten oder sogar vergessen, daraus Schlüsse zu ziehen, dann vergeben Sie eine große Chance.

Wir wollen Ihnen deshalb als nächstes eine bewährte Ergebnis-Checkliste anbieten, mittels derer Sie Zahlen, Daten und Fakten festhalten können.

Sollten Sie bei Ihren Bewerbungsbemühungen wenig Erfolg haben, dann sollten Sie, das ist unser Rat, mit diesen Listen einen guten Bewerbungs-Coach aufsuchen und mit ihm darüber sprechen, an welchen Punkten es immer wieder »hakt«.

Wichtige Gesprächsnotizen **181**

Ergebnis-Checkliste der telefonischen Vorabinformation

Wann wurde dies Gespräch geführt: ....

Exakte Firmenbezeichnung: ....

Mein/e Gesprächspartner/in: ....
Position: ....
Telefon: ....
Fax: ....
E-Mail: ....

Angaben zur angebotenen Stelle: ....

Qualifikation und Bedingungen,
die ich erfüllen muss: ....

Aufgaben, die ich übernehmen soll: ....

Wem bin ich unter- oder überstellt: ....

Zukunftsperspektiven,
die mir geboten werden: ....

Wettbewerbssituation der Firma: ....

Atmosphäre/Umfeld der Firma: ....

Sollte ich mich bewerben oder nicht? ....

Mein weiteres Vorgehen: ....

Meine Einschätzung dieses Gesprächs: ....

Sie mögen zwar vielleicht »das Chaos beherrschen«, aber wäre es nicht besser, trotzdem ein wenig Ordnung dabei zu haben? Auf unsere Frage an Arbeitsuchende, wie viele Bewerbungen sie im Augenblick laufen haben, bekommen wir oft eine wenig präzise Antwort wie die folgende: »Ich habe noch fünf Bewerbungen verschickt, weiß aber gar nicht, ob die noch aktuell sind, weil ich lange nichts gehört habe.«

Das abzustellen, hilft Ihnen ein Formular, das einen Überblick über Ihre verschickten Bewerbungen verschafft:

Formular für Ihren Überblick über versandte Bewerbungen

Job, auf den ich mich beworben habe	bei Firma XYZ	Absendedatum	Antwort der Firma	Wie habe ich reagiert?

Sie wollen nun Ihre Bewerbung abschicken? Sind Sie auch wirklich sicher, dass Sie gerade den wichtigsten Teil, das Bewerbungsanschreiben, erfolgversprechend, überzeugend und geradezu »siegreich« geschrieben haben? Wollen Sie es nicht vorsichtshalber noch einmal mit unserer Checkliste abgleichen und überprüfen?

Ja   Nein   **End-Check des Bewerbungsanschreibens vor dem Abschicken**

☐   ☐   Ist das Anschreiben individuell verfasst, und unterscheidet es sich deutlich von den Standardschreiben der Machart »Hiermit bewerbe ich mich um ...«?

☐   ☐   Haben Sie das Anschreiben nach Möglichkeit an eine bestimmte Person gerichtet, deren Namen Sie im Vorab-Telefonat oder aus dem Stellenangebot erfahren haben?

☐   ☐   Falls das Schreiben nicht an eine bestimmte Person gerichtet werden konnte, haben Sie dann wenigstens die Anrede »Sehr geehrte Damen, sehr geehrte Herren« gewählt?

	Ja	Nein
Zieht Ihr Anschreiben schon mit dem ersten Satz die Aufmerksamkeit des Lesers auf sich?	❒	❒
Klingt Ihr Anschreiben selbstsicher, ohne dabei arrogant zu wirken?	❒	❒
Haben Sie jegliche negative Formulierungen vermieden?	❒	❒
Macht das Anschreiben insgesamt einen ordentlichen, übersichtlichen Eindruck?	❒	❒
Haben Sie auf die Rechtschreibung, Zeichensetzung, Grammatik, Groß- und Kleinschreibung geachtet?	❒	❒
Haben Sie das Anschreiben so kurz wie möglich und so lang wie nötig gehalten?	❒	❒
Ist das Schreiben prägnant, und kommt es kurz und bündig »auf den Punkt«?	❒	❒
Haben Sie im Schreiben Platitüden und Klischees vermieden, wie: »Ich habe mir erlaubt, den Unterlagen einige Arbeitsproben beizulegen« oder: »Wenn Sie freundlicherweise einen zusätzlichen Blick auf meinen beigefügten Lebenslauf werfen möchten, dann...«? Das spricht nicht gerade von selbstsicherem Auftritt!	❒	❒
Haben Sie Ihr Schreiben auch einmal mit den Augen eines Personalchefs, des Adressaten, gelesen? Welchen Eindruck hatten Sie dabei? Würden Sie danach einen Menschen wie sich einladen und einstellen?	❒	❒
Haben Sie im Schreiben klar herausgestellt, welchen Nutzen Sie der Firma bringen können, welchen Beitrag Sie zum Unternehmensergebnis leisten könnten und welches Ihre Kernkompetenzen (USP = Unique selling proposition) sind?	❒	❒

Falls Sie gerade von der Hochschule oder Universität kommen, haben Sie darauf geachtet, nicht nur von den Studieninhalten

Ja   Nein

☐ ☐ zu schreiben, sondern auch außeruniversitäre Aktivitäten, Praktika, erste Berufserfahrungen und Auslandsaufenthalte zu erwähnen?

☐ ☐ Haben Sie es unbedingt vermieden, um wohlwollende Behandlung Ihrer Bewerbung zu buhlen? Haben Sie auch vermieden, trotz persönlicher Schicksalsschläge in den vergangenen Jahren »auf die Tränendrüse« zu drücken?

☐ ☐ Sind Sie generell nicht zu sehr ins Detail gegangen?

☐ ☐ Haben Sie deutlich formuliert, welche Art Job Sie suchen und Formulierungen wie »neue Herausforderung«, »interessante selbständige Arbeit« oder »neuen kreativen Arbeitsplatz« und ähnliches vermieden?

☐ ☐ Haben Sie es gekonnt vermieden, im Anschreiben einfach noch einmal Ihren gesamten Lebenslauf »herunterzubeten«?

☐ ☐ Haben Sie Ihre persönlichen Ziele klar und deutlich genannt und nicht nur beiläufig erwähnt?

☐ ☐ Haben Sie darauf geachtet, keinerlei Hobbys und Liebhabereien zu nennen, die nichts mit dem Beruf zu tun haben, auf den Sie sich hier bewerben?

☐ ☐ Haben Sie abgeschlossene Ausbildungen, Fähigkeiten, Fertigkeiten, Kenntnisse und Erfahrungen aufgezählt, die »für Sie« und den angestrebten Job sprechen?

☐ ☐ Haben Sie Telefon, Handy, Fax, Anrufbeantworter oder E-Mail-Adresse angegeben, wo Sie während der normalen Geschäftsstunden zu erreichen sind? (Natürlich nicht an Ihrem gegenwärtigen Arbeitsplatz, wenn Sie in ungekündigter Stellung sind und niemand von Ihren Wechselwünschen weiß!)

Haben Sie sich um eine aktive Sprache im Schreiben bemüht und modale Hilfsverben (»Ich würde mich freuen ...«, »Ich

	Ja	Nein
könnte Ihnen ...« oder »Ich wäre jederzeit bereit ...) nach Möglichkeit vermieden?	❒	❒
Haben Sie das Anschreiben deutlich, sicher und nicht mit zu großer Schrift unterschrieben?	❒	❒

Der Schreibstil, in dem Ihr Bewerbungsanschreiben verfasst ist, bietet dem geübten Leser eine Menge zusätzlicher interessanter Informationen über Sie. An Ihrer Wortwahl, dem Satzaufbau und dem aktiv-positivem Stil erkennt ein Personalchef Ihre Selbstsicherheit, Ihr Selbstbewusstsein und Ihre selbstkritische Einstellung.

Natürlich sollen Sie in einem Bewerbungsanschreiben »Sie selbst« bleiben und sich nicht verbiegen. Dennoch sollten Sie, das ist unsere Empfehlung, auf Ihre Wortwahl achten und sich einer Sprache befleißigen, die keine negativen Eindrücke beim Leser erzeugt.

Fühlen Sie sich bitte nicht bevormundet durch die nachfolgende Liste; Sie mögen sie lediglich zum Anlass und zur Anregung nehmen, Ihren Wortschatz zu überprüfen. Daher zählen wir in der Liste Wörter auf, mit denen Sie sich positiv darstellen können, und auch Wörter, die Sie nach Möglichkeit vermeiden sollten, um den gewünschten positiven Eindruck nicht zu zerstören.

Halten Sie sich an diese Spielregeln:

Stellen Sie sich exakt vor, was Sie tatsächlich bei Ihrem Gegenüber erreichen wollen, und formulieren Sie dann Ihre Sätze.

Sie wollen einen positiven Eindruck hinterlassen. Und Bescheidenheit ist zwar eine Zier, doch wesentlich weiter kommt man ohne dieselbe. Wenn Sie im Berufsleben weiterkommen wollen, ist sie keineswegs angebracht. Forsches, aber nicht arrogantes Auftreten bringt Sie hier weiter.

Wörter, die Sie »positiv verkaufen«

Name des Ansprechpartners	aktuell
Nutzen	international
Vorteil	begeistern
Sicherheit	erfahren
Sie	Kenntnisse
Wert	Fähigkeiten
Gewinn	Vorwärtskommen
neu	Auszeichnung
erwiesen	gründlich
Vertrauen	umfassend
Stolz	Ich versichere Ihnen
Wahrheit	ehrlich
Recht	abschließen
sparsam	Berufsziel
kostenbewusst	professionell
Qualität	bedanken
verstehen	stolz sein
koordinieren	geprüft
beweisen	erfreulich
entwickeln	Einfühlungsvermögen
steigern	außerberufl. Interesse
ausdehnen	Führung
einführen	eigenverantwortlich
präsentieren	Teamarbeit
in Betrieb setzen	Wirtschaftlichkeit
Ziel erreichen	Engagement
umstellen	bringen
anwenden	Mobilität
bewirken	Realitätssinn
untersuchen	zustande
Ergebnisse	ermitteln
unternehmerisch denkend etc.	

Wörter, die Sie »negativ verkaufen«

Sorgen	problematisch
mies	Verlieren
schlecht	schwierig
versuchen	Verlust
Versagen	erst mal
Unterlassung	vielleicht
bemühen	ein wenig
überredet	ein bisschen
manipuliert	ein stückweit
ich würde	klagen
ich könnte	bedauerlich
ich müsste	verzichten
eigentlich	abbrechen
mangelhaft	nur angefangen
nur Grundkenntnisse	
etc.	

Haben Sie erkannt, worum es uns geht? Mit den negativen Ausdrücken beschreiben Sie allerhöchstens das, was Sie nicht können oder beherrschen. Mit den positiven Ausdrücken geben Sie dagegen ein Bild von Kompetenz und Sicherheit ab.

> Achten Sie also unbedingt auf eine positive Grundhaltung in Ihren Papieren; falls Sie Zweifel haben, fragen Sie Freunde und Bekannte, wie sie Ihr Schreiben empfinden.

Schlusswort

Wir, Manfred Lucas und Putti von Rahden, hoffen sehr, dass Ihnen dieser Bewerbungs-Ratgeber bei Ihren Bemühungen um eine Stelle hilfreich zur Seite stehen und Erfolg bescheren wird!

Wir bieten Ihnen unsere Hilfe an!

Sie müssen nicht allem zustimmen und ab sofort alles anders machen als bisher. Sie sollten sich jedoch herausgefordert fühlen, Ihr bisheriges Bewerbungsverhalten zu überdenken und sich auf neue Bewerbungsmöglichkeiten einzustellen.

Und dabei wünschen wir Ihnen viel Erfolg!

Lilienthal, 1. Juli 1999

Manfred Lucas

Putti von Rahden

Register

Ablehnungsschreiben, korrektes 172ff.
Absage, eindeutige 161f.f
Absage, Reaktionen auf eine 163f.
Akademischer Dienst Berlin (ADB) 30
Anforderungsprofil 8
Angaben, zusätzliche 85
Angestellter, technische 70
Arbeitsamt 17
Arbeitsproben 132ff.
Arbeitsvermittler, private 17
Arbeitszeugnis 117
Assessmentcenter 137
Ausbildungsgänge 152
Außendienstmitarbeiter 71

Beispiel-Anschreiben 59ff.
Beispiel-Lebensläufe 90ff.
Bertelsmann-Stiftung 18
Berufspraxis 84
Bescheid, negativer 160f.
Betriebsbuchhalter 115
Beurteilungskriterien 151
Bewerberlisten 17
Bewerbung, komplette 12ff.
Bewerbungsanschreiben 12, 44ff.
Bewerbungsschreiben, Checkliste für 183
Bewertungskriterien 119
Beziehungsbewerbung 36f.
Blindbewerbung 18ff.
Bund Katholischer Unternehmer 18
Burn-out-Syndrom 53

Careerbase 31
Central Employment Search and Retrieval (Cesar) 28
Chiffre 21ff.
Controller 116
Controlling 64

Dankschreiben 165, 169ff.
Diplom-Ingenieur 68, 74, 114
Diplom-Kauffrau 113
Doktorarbeit 141
DOs und DON'Ts 49ff., 86ff.
Dritte Seite 110ff.

E-Mail 25, 81
EDV-Lebenslauf 98ff., 105
Einladung 157ff.
Einladungsbrief 159

Einschreiben 150
Einstellungskriterien 155f.
Eltern 82
Emoticons 27
Empfehlung 129
Erfahrungsaustausch 34f.
Erfolge, Darstellung eigener 133
Ergebnis-Checkliste 181

Fachliteratur 141ff.
Familienstand 81
Fax, Bewerbungs-Check-up per 30
Fehler, grobe 57
Fit fürs Informationszeitalter 98
Flow-chart-Lebenslauf 98ff.
Frankfurter Allgemeine Zeitung (FAZ) 39
Frankierung 150
Fremdsprachenkorrespondent 72
Führungsbewertung 119
Führungskompetenz 56
Führungskräfte, Hinweise an 58
Führungskräfte-Nachwuchs-Programm 67

Gegenüberstellung 47
Gesamtbewertung 120ff.
Gesprächsnotizen, wichtige 181
Graphik-Design 73
Graupner, Hans-Bernd 136
Grundsätze, inhaltliche 49ff.
Grußformel 87
Gutachten, graphologisches 134

Habilitationsschrift 141
Handschriftprobe 134ff.
Headhunter 37ff.
Herzog, Roman 98
Homepage 81
Horoskop-Aussagen 139

Ifo-Institut 17
Initiativbewerbung 17ff.
Internet 25ff.
Internet, Jobbörse im 25, 31ff.
ISO-Zertifizierung 133

Job-Shock 8
Job-Suchmaschinen 25

Kalt-Kontakt 18ff.
Kennedy, John F. 54
Kernkompetenzen 27, 110, 183
Kinder 81
Klarsichthüllen 147

Klarsichtmappe 148
Kompetenz 55f., 111f.
Kontakt, telefonischer 179
Kontaktadressen 178ff.
Kontinuität 153
Kurzbewerbung 16ff., 20

Lebenslauf in amerikanischer Form 101ff.
Lebenslauf in Aufsatzform 91
Lebenslauf, ausführlicher 90ff.
Lebenslauf, Daten im 152
Lebenslauf, kombinierter 97f.
Lebenslauf, Lücken im 153
Lebenslauf, situativ verfasster 79ff.
Lebenslauf, synchron-optischer 106f.
Lebenslauf, tabellarischer 93ff.
Ledermappen 149
Leistungsbewertung 119
Leistungsprofil 8
Lektor 76
Lichtbild 122ff.
Logistik 65
Lower-level-Position 53

Magvas, Emil 17
Marketing 66
Mitarbeiterhinweise 17
Musterlebenslauf 95

Nachfolge-Schreiben 164ff.
Nachweise 152
Nürnberger Institut für Arbeitsmarkt- und Berufsforschung (IAB) 16f.

Online, Bewerbermappe 29f.
Online, Bewerbungs-Check-up 30
Online, Präsentation 31
Online-Anzeige 26
Online-Bewerbung 26
Organigramm 110

Papiere 141
Papp-Mappen 149
Personal-Agentur 37ff.
Persönliche Daten 80
Plastik-Klemm-Mappen 148
Ploog, Dr. Helmut 136
Potenzial, fachliches 55
Praktikum 32, 61f.
Presse 142ff.
Presseberichte 143

Qualitätssicherungsmaßnahmen 133

Rechtsanwalt 63
Referenzgeber 131
Referenzn 128ff.
Regeln, wichtige 87
Rund-um-die-Uhr-Arbeit 10

Scholz, Prof. Christian 34
Schreibfehler 51
Schriftanalyse 135
Schule/Studium 83
Schuler, Hans 137
Simon, Prof. Dr. H. 11
soft skills 31
Sperrvermerke 22ff.
Spitznagel, Eugen 17
Standard-Lebenslauf 79
Standardfloskel 51
Stellenausschreibung, interne 17f., 37
Stellenbeschreibung 110
Stelleninserate 17
Streaming audio 30
Suchmaschinen 27f.

Tätigkeitsbeschreibung 118
Textilbranche 69
Tominaga, Minoru 10
Top-down 102

Überzeugungskriterien 154ff.
Unabhängigkeit, innere 56
Unique Selling Proposition (USP) 55, 110, 183
Unterlagen, Präsentation der 147
Unterlagen, schriftliche 42f.

Vakanz 37
Veränderungskompetenz 56
Verhaltensbewertung 119
Veröffentlichungen 140ff.

Weiterleitungsklausel 22
Werbegeschenke 57
Wirtgen, Jörg 137
Wörter, negative 186
Wörter, positive 186

Zeichensetzung 51
Zeit-Robot 28
Zeugnis 117ff.
Zeugnis-Code 120
Zielstrebigkeit 154
Zwischenbescheid 156f.

Impressum

Das Werk einschließlich aller seiner Teile ist urheberrechtlich geschützt. Jede Verwertung außerhalb des Urhebergesetzes ist ohne Zustimmung des Verlages unzulässig und strafbar. Das gilt insbesondere für Vervielfältigungen, Übersetzungen, Mikroverfilmungen und die Einspeicherung und Verarbeitung in elektronischen Systemen.

Der Inhalt dieses Buches ist sorgfältig recherchiert und erarbeitet worden. Dennoch können weder Autoren noch Verlag für alle Angaben im Buch eine Haftung übernehmen.

Dieses Buch folgt den neuen Regeln der deutschen Rechtschreibung.

Bildnachweis
Bavaria Bildagentur GmbH & Co. KG, Gauting/München: 5, 144/5 (VCL); Image Bank Bildagentur GmbH, München: 4, 40/1 (de Lossy), 5, 108/9 (Franke), 5, 176/7 (Sims); Mauritius Die Bildagentur GmbH, Mittenwald: 4, 14/5 (Hubatka).

Weltbild Buchverlag

© 1999 by Weltbild Verlag GmbH, Augsburg
Alle Rechte vorbehalten

Einbandgestaltung: Gestaltungsbüro Uhlig, Augsburg
Bildredaktion: Susanne Allende, Augsburg
Redaktion: Jörg Schötensack, Berlin; Christopher Hammond, München
Layout und Satz: Petra Strauch, Bonn
Druck und Bindung: Franz Spiegel Buch GmbH, Ulm

Gedruckt auf chlorfrei gebleichtem Papier

Printed in Germany

ISBN 3-89604-415-X

Coupon für eine individuelle Beratung

Manfred Lucas ist seit vielen Jahren überaus erfolgreich als Trainer von Bewerbern und Bewerberinnen in Gruppen- und Einzelseminaren tätig. Wenn Sie nach der Lektüre dieses Leitfadens Interesse haben, sich konkrete individuelle Fragen fachkundig und kompetent beantworten zu lassen, die Ihrer bevorstehenden Bewerbung zum Erfolg verhelfen sollen, dann können Sie sich direkt an Manfred Lucas wenden.

Für die fachkundige Beantwortung Ihrer Fragen – Wie »verkaufe« ich mich am besten ohne arrogant oder überheblich zu wirken? Wie verhalte ich mich diplomatisch am geschicktesten? Welche Taktik wähle ich für mein Vorstellungsgespräch? – benötigt der Autor Ihren Lebenslauf sowie ein Profil des betreffenden Unternehmens, bei dem Sie sich bewerben oder vorstellen werden. Bitte richten Sie Ihre Fragen daher ausschließlich schriftlich an die unten angegebene Verlagsadresse und fügen Sie einen ausreichend frankierten und adressierten Briefumschlag für die Rückantwort unseres Experten bei.

Für die individuelle Beratung stellt der Autor ein ermäßigtes Honorar in Höhe von DM 70,– in Rechnung. Bitte richten Sie Ihre Fragen an nachstehende Adresse:

Weltbild Buchverlag
z. Hd. Herrn Manfred Lucas
Steinerne Furt 65–72
86167 Augsburg

Beratungsscheck

Kompetente Beratung für wenig Geld. Senden Sie diesen Beratungscoupon mit Ihrem Lebenslauf, einem Profil der Firma, bei der Sie sich bewerben oder vorstellen werden, und einem ausreichend frankierten Rückumschlag an den Weltbild Buchverlag.

Meine Anschrift:
(bitte in Blockschrift ausfüllen)

Name, Vorname ....

Straße, Hausnummer ....

PLZ, Ort ....